HERMÍNIO SARGENTIM

OFICINA de ESCRITORES

NARRATIVA

1ª edição
São Paulo, 2016

Oficina de Escritores
Narrativa
© IBEP, 2016

Diretor superintendente	Jorge Yunes
Diretora editorial	Célia de Assis
Gerente editorial	Maria Rocha Rodrigues
Coordenadora editorial	Simone Silva
Editora	Esther Herrera Levy
Assistente editorial	Beatriz Hrycylo
Revisão	Cristiane Mansor, Luiz Gustavo Bazana, Salvine Maciel
Secretaria editorial e Produção gráfica	Fredson Sampaio
Assistente de secretaria editorial	Mayara Silva
Assistentes de produção gráfica	Elaine Nunes, Marcelo Ribeiro
Coordenadora de arte	Karina Monteiro
Editora de arte	Marilia Vilela
Assistentes de arte	Aline Benitez
Assistentes de iconografia	Victoria Lopes, Wilson de Castilho
Processos editoriais e tecnologia	Elza Mizue Hata Fujihara
Projeto gráfico e capa	Departamento de Arte – IBEP
Diagramação	Departamento de Arte – IBEP

CIP-BRASIL. CATALOGAÇÃO NA PUBLICAÇÃO
SINDICATO NACIONAL DOS EDITORES DE LIVROS, RJ

S251n

Sargentim, Hermínio G. (Hermínio Geraldo), 1946-

Narrativa / Hermínio Sargentim. - 1. ed. - São Paulo : IBEP, 2016.
il. (Oficina de escritores ; volume único)

Inclui índice
ISBN 9788534246316 (professor) / 9788534246309 (aluno)

1. Língua portuguesa - Estudo e ensino. I. Título. II. Série.

16-36944 CDD: 372.6
CDU: 373.3.016:811.134.3

10/10/2016   13/10/2016

1ª edição – São Paulo – 2016

Todos os direitos reservados.

Avenida Doutor Antônio João Abdalla, 260 – Bloco 400, Área D, Sala W1
Bairro Empresarial Colina – Cajamar – SP – 07750-020 – Brasil
Tel.: (11) 2799-7799
www.editoraibep.com.br   editoras@ibep-nacional.com.br

Impressão - A3 Indústria Gráfica Eirelli Janeiro 2018

Apresentação

Ao futuro escritor,

A escrita é um ato de imortalidade. Ao escrever, você se inscreve na matéria e permanece sendo. Uma parcela de você adquire, assim, um caráter de perenidade. Você é hoje o que foi ontem e será amanhã o que é hoje. Ao escrever, o seu hoje, que amanhã será passado, continuará presente.

Este livro pretende ajudá-lo a dominar algumas competências básicas necessárias para registrar este seu presente por meio de textos que contarão a sua história inscrita na história dos homens.

Nesta obra, você trabalhará fundamentalmente a narrativa, um processo de composição que lhe permite relatar a história do homem, com seus momentos de dor e de prazer.

Para cada redação, você terá uma ficha cuja finalidade básica é disciplinar as várias etapas no processo de composição de um texto. O bom escritor não é só aquele capaz de escrever o texto, mas sobretudo aquele capaz de reler criticamente o próprio texto e reescrevê-lo. Nesta tarefa de releitura e reescrita dos textos, as fichas que acompanham cada redação têm uma importância capital.

Lembre-se de que só há uma maneira para se aprender a escrever: escrevendo. Com a prática constante, você adquirirá paulatinamente o prazer e a habilidade da escrita.

O autor

Sumário

Introdução ... 7

PARTE 1 — Estrutura da narrativa ... 13

Capítulo 1 – Autor/narrador ... 15
Capítulo 2 – Mudança de narrador ... 25
Capítulo 3 – Foco narrativo ... 35
Capítulo 4 – Narração e descrição ... 47
Capítulo 5 – Conflito da personagem ... 59
Capítulo 6 – Construção da personagem ... 69
Capítulo 7 – Fala da personagem: discurso direto e discurso indireto ... 79
Discurso direto e discurso indireto ... 80
Verbos de elocução ... 81
Capítulo 8 – Discurso indireto livre ... 91
A fala da personagem ... 93
Emprego do discurso indireto livre ... 94
Perspectivas do narrador na construção do discurso indireto livre ... 94
Capítulo 9 – Descrição da personagem ... 105
Capítulo 10 – Descrição do ambiente ... 115
Capítulo 11 – Elementos do enredo ... 125
Componentes da narrativa ... 125
Enredo linear ... 127
Enredo não linear ... 128
Capítulo 12 – Criação de suspense ... 137

PARTE 2 — Gêneros da narrativa ... 147

Capítulo 1 – Conto ... 149
Capítulo 2 – Romance ... 161
Capítulo 3 – Conto mínimo ... 175
Capítulo 4 – Miniconto ... 185
Capítulo 5 – Crônica ... 195

PARTE 3 — Revisão de textos — 205

Capítulo 1 – Tipologia textual: narrativa 207

Capítulo 2 – Coerência 211

Capítulo 3 – Coesão 213

Coesão gramatical 213

Coesão lexical 217

Coesão sintática 218

Capítulo 4 – Adequação à norma-padrão 219

Ortografia 220

Acentuação gráfica 220

Crase 221

Pontuação 222

Vírgula 222

Travessão e aspas 224

Concordância verbal 225

Capítulo 5 – Edição do texto 227

Letra legível 228

Indicação de parágrafo 228

Margens regulares 229

Ausência de rasuras 229

Padronização dos destaques 229

PARTE 4 — A narrativa no vestibular — 231

Capítulo 1 – Tipologia: narrativa 233

Capítulo 2 – Gêneros da narrativa 247

Introdução

Contar ou ouvir histórias é com certeza uma das grandes paixões humanas. Desde os mitos primitivos até as telas do cinema ou os palcos do teatro e da TV, o homem registra suas formas de estar no mundo por meio de uma história.

Em um texto escrito, a história pode ser contada de diferentes formas. Os textos seguintes mostram algumas dessas possibilidades.

TEXTO 1 – Conto

Tuim criado no dedo

João-de-barro é um bicho bobo que ninguém pega, embora goste de ficar perto da gente; mas de dentro daquela casa de joão-de-barro vinha uma espécie de choro, um chorinho fazendo tuim, tuim, tuim...

A casa estava num galho alto. Um menino subiu até perto. Depois com uma vara de bambu, conseguiu tirar a casa sem quebrar e veio baixando até o outro menino apanhar. Dentro, naquele quartinho que fica bem escondido depois do corredor de entrada para o vento não incomodar, havia três filhotes, não de joão-de-barro, mas de tuim.

De todos esses periquitinhos que tem no Brasil, tuim é capaz de ser o menor. Tem bico redondo e rabo curto e é todo verde, mas o macho tem umas penas azuis para enfeitar. Três filhotes, cada um mais feio que o outro, ainda sem penas, os três chorando. O menino levou-os para casa, inventou comidinhas para eles; um morreu, outro morreu, ficou um.

Em geral a gente cria em casa é casal de tuim, especialmente para se apreciar o namorinho deles. Mas aquele tuim macho foi criado sozinho e, como se diz na roça, criado no dedo. Passava o dia solto, esvoaçando em volta da casa da fazenda, comendo sementinhas de imbaúba. Se aparecia uma visita, fazia-se aquela demonstração: era o menino chegar na varanda e gritar para o arvoredo: tuim, tuim, tuim! Às vezes demorava, então a visita achava que aquilo era brincadeira do menino, de repente surgia a ave, vinha certinho pousar no dedo do garoto.

Mas o pai disse: "Menino, você está criando muito amor a esse bicho, quero avisar: tuim é acostumado a viver em bando. Esse bichinho se acostuma assim, toda tarde vem procurar a gaiola para dormir, mas no dia que passar pela fazenda um bando de tuins, adeus. Ou você prende o tuim ou ele vai-se embora com os outros. Mesmo preso, ouvindo o bando passar, você está arriscado a ele morrer de tristeza".

E o menino vivia de ouvido no ar, com medo de ouvir bando de tuim.

Foi de manhã, ele estava catando minhoca para pescar quando viu o bando chegar; não tinha engano: era tuim, tuim, tuim... Todos desceram ali mesmo em mangueiras, mamonas e num bambuzal, divididos em pares. E o seu? Já tinha sumido, estava no meio deles. Logo depois todos foram para uma roça de arroz. O menino gritava com o dedinho esticado para o tuim voltar; nada.

Só parou de chorar quando o pai chegou a cavalo, soube da coisa, disse: "Venha cá". E disse: "O senhor é um homem, estava avisado do que ia acontecer, portanto não chore mais".

O menino parou de chorar, porque tinha brio, mas como doía seu coração! De repente, olhe o tuim na varanda! Foi uma alegria só na casa, até o pai confessou que ele também tinha ficado muito infeliz com o sumiço do tuim.

Houve um conselho de família, quando acabaram as férias: deixar o tuim, levar o tuim para São Paulo? Voltaram para a cidade com o tuim, o menino toda hora dando comidinha a ele na viagem. O pai avisou: "Aqui na cidade ele não pode andar solto; é um bicho da roça e se perde, o senhor está avisado".

Aquilo encheu de medo o coração do menino. Fechava as janelas para soltar o tuim dentro de casa, andava com ele no dedo, ele voava pela sala; a mãe e a irmã não aprovavam, o tuim sujava dentro de casa.

Soltar um pouquinho no quintal não devia ser perigo, desde que ficasse perto; se ele quisesse voar para longe, era só chamar, que voltava. Mas uma vez não voltou.

De casa em casa, o menino foi indagando pelo tuim: "Que é tuim?" — perguntavam pessoas ignorantes. "Tuim?"

Que raiva! Pedia licença para olhar no quintal de cada casa, perdeu a hora de almoçar e ir para a escola, foi para outra rua, para outra.

Teve uma ideia, foi ao armazém de "seu" Perrota: "Tem gaiola para vender?" Disseram que tinha. " Venderam alguma gaiola hoje?" Tinham vendido uma para uma casa ali perto.

Foi lá, chorando, disse ao dono da casa: "Se não prenderam o meu tuim, então por que o senhor comprou gaiola hoje?"

O homem acabou confessando que tinha aparecido um periquitinho verde sim, de rabo curto, não sabia que chamava tuim. Ofereceu comprar, o filho dele gostara tanto, ia ficar desapontado quando voltasse da escola e não achasse mais o bichinho. "Não senhor, o tuim é meu, foi criado por mim". Voltou para casa com o tuim no dedo.

Pegou uma tesoura: era triste, uma judiação, mas era preciso: cortou as asinhas. Assim ele poderia andar solto no quintal, e nunca mais fugiria.

Depois foi lá dentro fazer uma coisa que estava precisando fazer, e, quando voltou para dar comida ao tuim, viu só algumas penas verdes e as manchas de sangue no cimento. Subiu num caixote para olhar por cima do muro e ainda viu o vulto do gato ruivo que sumia.

Rubem Braga. *Melhores contos*. São Paulo: Global, 2001.

TEXTO 2 – Fábula

O Galo e a Raposa
(Esopo, cerca de 550 a.C., Grécia Antiga)

Algumas galinhas com seu Galo, fugindo de uma Raposa, subiram em um pinheiro, onde a perseguidora não os alcançava. A Raposa, ao pé da árvore, disse ao Galo:
— Eu sei que, por hábito, vocês fogem de mim temendo por suas vidas, mas, hoje, corria apenas para lhes dar boas notícias. Peço-lhes que desçam para nos confraternizarmos, amigos. Foi proclamada hoje a paz universal entre todas as feras e aves. Portanto, venham comigo celebrar.
O Galo, percebendo a mentira, como quem não quer nada, disse:
— Estas são mesmo novidades muito boas e alegres. Estaremos indo sim, amiga, ao seu encontro, assim que nossos amigos cães, que vejo daqui do alto se aproximando rapidamente numa grande matilha, cheguem para todos juntos festejarmos.

A Raposa, ouvindo isso, começou a correr dizendo:
– Vou indo porque temo que eles ainda não saibam das novidades e nos ataquem. Assim, foi embora, ficando as galinhas seguras com seu Galo.
Moral da história: É preciso viver sempre prevenido. Nossos inimigos muitas vezes vão querer nos ludibriar com palavras enganosas.

Joseph Shafan (adapt.). As fábulas de Esopo.
Disponível em: <http://www.dominiopublico.gov.br/download/texto/ea000378.pdf>. Acesso em: 6 dez. 2016.

TEXTO 3 – Crônica

As aventuras de um ciclista urbano

Sensível ao apelo do governo para economizar gasolina e, no íntimo, coagido pela insuficiência da verba para combustível (nesta altura do orçamento já plenamente comprometida), não lhe restou outro recurso senão adotar a bicicleta.

Chamou a mulher de lado, confidenciou:
– Prepara minha sunga esportiva; amanhã vou trabalhar de selim e guidão.

Estava um pouco destreinado. Faltava-lhe o equilíbrio dos velhos tempos e, para evitar o fiasco diante dos vizinhos, saiu de casa às 5 da matina.

Cruzou com o leiteiro. Quis fingir que não viu, mas sem resultado:
– Força, doutor. No começo a gente padece mesmo. No fim é moleza.

Ficou em dúvida se pegava a Avenida Heitor Penteado ou se descia pela Água Branca. Lembrou-se da subida da Pompeia, não ia aguentar o repuxo. Melhor não arriscar. Escolheu as ruas mais planas, no sexto quarteirão já bufava. Respirou fundo, enchendo os peitos. Desembocou a custo nas Perdizes em frente ao Elevado Costa e Silva – o tal de Minhocão. Mentalmente mediu o percurso, nem lhe passou pela ideia que é proibido o trânsito de ciclistas no elevado. Quando deu fé, já estava nele. Atrás de si, a fila de carros. Por cautela, conservava a direita, mas a providência não lhe poupou o dissabor de algumas diatribes. Um sujeito barbudo, dirigindo um fusca, chamou-o de molenga. Outro lhe mostrou a língua, em atitude altamente obscena. E até uma mulher se julgou no direito de desacatá-lo: – Folgado, hein, cara!

Por um momento sentiu a tentação de saltar lá de cima, com bicicleta e tudo, mas o senso do dever, o espírito cívico e o apelo governamental estimularam-no a prosseguir pedalando.

Na altura da Praça Marechal Deodoro encarou a estátua de Pereira Barreto, e a copa verde das árvores onde os pardais pareciam acompanhar seu esforço hercúleo. Pouco a pouco suas pernas amoleciam. Uma dor aguda percorria-lhe o cangote, descia até o tendão-de-aquiles, e ele teve a impressão de que ia fazer xixi.

Só quem passou por essa experiência sabe o que é isso.

Lembrou-se dos filhos, da família, de seus antepassados. E súbito, ocorreu-lhe a ideia: pôs-se a assobiar o Hino Nacional. Esse expediente trouxe-lhe algum conforto, mas os pedais – certamente mal lubrificados – opunham crescente resistência ao movimento de suas juntas.

– Vai, ciclista das arábias!

O berro ecoou no Minhocão como uma afronta. Era demais. Mesmo considerando sua fina educação, forçoso responder à altura:

— Das arábias é a mãe!

Aliviado, percebeu o desvio à direita. Tomou o rumo do Arouche, pegou a Vieira de Carvalho — onde há aquele índio de cócoras — e saiu triunfante na Praça da República. Olhares intrigados fixavam-no. Crianças acenavam os lenços.

O semáforo estava vermelho; ele aproveitou para descansar o pé direito no asfalto e adivinhou que estava prestes a desmaiar. Iria cair ali mesmo, como um pedaço de chumbo. E não o arrancariam dali nem amarrado. Uma velhinha de preto chegou-se delicadamente, indagando onde ficavam os Correios e Telégrafos: queria pôr uma carta para Botucatu, urgente.

Ele tentou explicar, mas as palavras engrolavam como um bolo na garganta. Tentou cuspir, mas não havia saliva. Do nariz escorria lama grossa, dessas que os barbeiros usam para massagear o rosto dos fregueses e evitar rugas. Seu coração palpitava. Ardiam-lhe os pulmões. Suas nádegas estavam adormecidas.

A velhinha percebeu seus olhos vidrados, condoeu-se, ofereceu-lhe uma balinha de hortelã-pimenta.

Quando o semáforo abriu, ele tentou arrancar na bicicleta, mas o ar escureceu. Relâmpagos cruzavam o espaço, explodiram trovões em sua cabeça, ele rodopiou, caiu sentado perto do bueiro. Um rato saltou de banda, lépido. Ninguém se aproximou, pensando tratar-se de um caso comum de morte natural. O guarda de trânsito trilou o apito, ordenando que se levantasse, estava atrapalhando o livre escoamento dos veículos. Ofegante, garganta áspera, sentia-se um perfeito miserável entregue às baratas.

Só emergiu da névoa quando recebeu das mãos do homem da lei a notificação de multa por estacionamento em local proibido. Em vão procurou explicar que não tinha estacionado: tinha pifado.

Com a lei não se argumenta.

Montou novamente na bicicleta, trôpego, sonado, à deriva: desguiou pela direita, entrou na São Luís, bateu num ônibus, atropelou uma galinha, subiu na ilha, derrapou na calçada, trombou com um poste, rasgou a saia de uma garota, tirou uma fina no carro-tanque do corpo de bombeiros, atrapalhou uma ambulância, desacatou um guarda-rodoviário que estava largando o serviço, e entrou num bar da Praça João Mendes. Tudo sem desmontar da bicicleta.

Foi posto para fora a pescoções, caiu no buraco da estação de metrô da Praça Clóvis, um fiscal autuou-o por poluir a cidade com o suor que escorria pelas pernas — mas felizmente conseguiu chegar a seu destino na Rangel Pestana, a tempo de assinar o ponto na repartição competente.

Como, porém, estivesse com a camisa rasgada, o paletó sem a manga direita, ligeiras escoriações por todo o corpo e de sunga, recebeu ordem superior para retirar-se, sob pena de abertura de inquérito administrativo de acordo com os estatutos em vigor.

Desagradável, sem dúvida. Mas um ciclista não se faz num dia. De qualquer forma, solicita aos cidadãos desta cidade que, se algum encontrar suas calças (que devem ter ficado no trajeto entre a Rua das Palmeiras e o Edifício da Fazenda), queira por obséquio entregá-las na Rua da Alegria. Dependendo do estado das calças, estuda-se módica gratificação.

Lourenço Diaféria. As aventuras de um ciclista urbano. In: Carlos Eduardo Novaes et al. *Para gostar de ler*: crônicas. São Paulo: Ática, 1982. v. 7.

Tipologia narrativa

Os três textos que você acabou de ler apresentam algumas características em comum:

1. **História** (o quê?) – todos esses textos contam uma história.
2. **Personagem** (quem?) – o elemento central em cada um deles é a personagem: em torno dela e a partir dela a história acontece.
3. **Tempo** (quando?) – os fatos da história se desenvolvem em um determinado tempo.
4. **Espaço** (onde?) – os fatos da história acontecem em um determinado lugar.
5. **Conflito** – todos os elementos da história: as ações, falas e características físicas e/ou psicológicas da personagem, bem como o tempo e os elementos do espaço, são selecionados de acordo com o problema central vivido pela personagem.
6. **Enredo** – os fatos estão dispostos em uma sequência temporal: início (antes do conflito), conflito, clímax e desfecho.
7. **Narrador** – há uma voz em terceira pessoa que conta a história.

Os textos que apresentam essa organização com esses elementos pertencem a um tipo de texto chamado narrativa.

- Localize em cada um dos textos os elementos da tipologia narrativa.

Gênero textual

Embora pertençam a uma mesma tipologia textual, cada um dos três textos apresenta características específicas.

O **texto 1** possui uma estrutura narrativa de pequena extensão. O enredo começa basicamente com uma breve apresentação, depois a história é levada a uma pequena "complicação", atingindo então o seu clímax e culminando com um desfecho, que, nesse caso, deixa o final da narrativa em aberto, cabendo ao leitor colocar suas próprias impressões sobre o fato e imaginar um fim de fato. Embora seja composto de todos os elementos de uma narrativa, apresenta poucas personagens, o que, portanto, delimita o tempo e o espaço. Tais particularidades caracterizam um gênero textual que recebe o nome de **conto**.

O **texto 2** é uma narrativa curta cuja mensagem pode ser sintetizada em uma frase no final, que é denominada moral (pois contém uma lição). Suas personagens, geralmente animais, representam características e sentimentos humanos, e se relacionam entre si, sendo comum o diálogo entre elas. O texto narrativo que apresenta essas características pertence ao gênero textual denominado **fábula**.

O **texto 3** é uma narrativa curta que parte de uma situação do cotidiano. Emprega uma linguagem simples e, ao mesmo tempo, utiliza a oralidade e o coloquialismo para reproduzir a fala das personagens. O enredo segue geralmente o tempo cronológico, para compor um caráter humorístico, crítico, satírico e/ou irônico. O texto narrativo que apresenta essas características pertence a um gênero textual denominado **crônica**.

- Identifique os traços específicos do gênero textual de cada um dos textos apresentados.

Na primeira parte deste livro, você irá conhecer e produzir textos relacionados à tipologia narrativa. Na segunda parte, serão estudados alguns dos gêneros textuais dessa tipologia.

A maioria dos vestibulares que solicita uma narrativa refere-se normalmente à tipologia. Alguns poucos vestibulares especificam o gênero textual que deve ser produzido.

PARTE 1

Estrutura da narrativa

1. Autor/narrador
2. Mudança de narrador
3. Foco narrativo
4. Narração e descrição
5. Conflito da personagem
6. Construção da personagem
7. Fala da personagem: discurso direto e discurso indireto
8. Discurso indireto livre
9. Descrição da personagem
10. Descrição do ambiente
11. Elementos do enredo
12. Criação de suspense

PARTE 1
Estrutura da narrativa

CAPÍTULO 1 — Autor/narrador

> Escrever não significa necessariamente relatar momentos ou fatos da própria vida. Escrever significa principalmente relatar a vida humana.
>
> Por esse motivo, você pode escrever como se fosse uma outra pessoa. Nesse caso, o texto não expressa, obrigatoriamente, a sua verdade como autor, mas a verdade do ser humano.

Observe isso nos textos a seguir.

TEXTO 1 – Conto (fragmento)

A despedideira

Há mulheres que querem que o seu homem seja o Sol. O meu quero-o nuvem. Há mulheres que falam na voz do seu homem. O meu que seja calado e eu, nele, guarde meus silêncios. Para que ele seja a minha voz quando Deus me pedir contas.

No resto, quero que tenha medo e me deixe ser mulher, mesmo que nem sempre sua. Que ele seja homem em breves doses. Que exista em marés, no ciclo das águas e dos ventos. E, vez em quando, seja mulher, tanto quanto eu. As suas mãos as quero firmes quando me despir. Mas ainda mais quero que ele me saiba vestir. Como se eu mesma me vestisse e ele fosse a mão da minha vaidade.

Há muito tempo, me casei, também eu. Dispensei uma vida com esse alguém. Até que ele foi. Quando me deixou, já não me deixou a mim. Que eu já era outra, habilitada a ser ninguém. Às vezes, contudo, ainda me adoece uma saudade desse homem. Lembro o tempo em que me encantei, tudo era um princípio. Eu era nova, dezanovinha.

Quando ele me dirigiu palavra, nesse primeiríssimo dia, dei conta de que, até então, nunca eu tinha falado com ninguém. O que havia feito era comerciar palavra, em negoceio de sentimento. Falar é outra coisa, é essa ponte sagrada em que ficamos pendentes, suspensos sobre o abismo. Falar é outra coisa, vos digo. Dessa vez, com esse homem, na palavra eu me divinizei. Como perfume em que perdesse minha própria aparência. Me solvia na fala, insubstanciada.

Lembro desse encontro, dessa primogênita primeira vez. Como se aquele momento fosse, afinal, toda minha vida. Aconteceu aqui, neste mesmo pátio em que agora o espero. Era uma tarde boa para gente existir. O mundo cheirava a casa. O ar por ali parava.

A brisa sem voar, quase nidificava. Vez e voz, os olhos e os olhares. Ele, em minha frente todo chegado como se a sua única viagem tivesse sido para a minha vida. [...]

Mia Couto. A despedideira. In: *O fio das missangas*. São Paulo: Cia. das Letras, 2009.

TEXTO 2 – Redação escolar

Cicatrizes

Sentei-me em frente ao espelho e comecei a observar minhas rugas. Fundas cicatrizes. O espelho começa a turvar, e minha mente regride no tempo...

Abri a porta daquele estabelecimento sujo, cheirando a perfume vulgar, cheio de pôsters de mulheres nuas, mesas com toalhas xadrezes e, no bar, bebidas baratas.

Sentada em uma mesa a velha cafetina. Pintura pesada, boca vermelha, cabelo oxigenado, carnes moles.

Continuei caminhando. Abri uma nova porta e olhei. Gaiolas de passarinho, móveis velhos, cores berrantes, ambiente quente.

Dirigi-me ao armário. Dei uma rápida olhada nas roupas tão gastas como meu corpo.

Peguei um vestido de cetim vermelho, com aberturas laterais, mostrando minhas coxas moles, uma sandália alta da mesma cor.

Pintei-me com todo cuidado: sobre os olhos sombra azul, no rosto uma forte camada de *rouge*, nos cabelos uma flor amarela, na boca o marrom-terra.

O relógio bateu oito horas. Saí do quarto, caminhei displicentemente, rebolando, me insinuando. Sentia olhares me seguindo.

Sentei na mesa, conversei com "os homens", cumpri meu papel; e estava cansada dele. Afinal, desde menina levava esta vida, ouvia comentários maldosos dos homens: "venha cá, boneca!", "deixa o titio brincar com você!", tudo para poder sobreviver.

Deram duas horas da manhã. O ambiente cheirava a fumo, turvo.

Maria da Penha, 53 anos, diante do espelho, observando suas rugas.

Leonor Maria A. de Carvalho, 16 anos
(redação escolar).

Grezova Olga/Shutterstock

TEXTO 3 – Romance (fragmento)

Capítulo primeiro – Óbito do autor

Algum tempo hesitei se devia abrir estas memórias pelo princípio ou pelo fim, isto é, se poria em primeiro lugar o meu nascimento ou a minha morte. Suposto o uso vulgar seja começar pelo nascimento, duas considerações me levaram a adotar diferente método: a primeira é que eu não sou propriamente um autor defunto, mas um defunto autor, para quem a campa foi outro berço; a segunda é que o escrito ficaria assim mais galante e mais novo. Moisés, que também contou a sua morte, não a pôs no introito, mas no cabo: diferença radical entre este livro e o Pentateuco.

Dito isto, expirei às duas horas da tarde de uma sexta-feira do mês de agosto de 1869, na minha bela chácara de Catumbi. Tinha uns sessenta e quatro anos, rijos e prósperos, era solteiro, possuía cerca de trezentos contos e fui acompanhado ao cemitério por onze amigos. Onze amigos! Verdade é que não houve cartas nem anúncios. Acresce que chovia – peneirava – uma chuvinha miúda, triste e constante, tão constante e tão triste, que levou um daqueles fiéis da última hora a intercalar esta engenhosa ideia no discurso que proferiu à beira de minha cova: – "Vós, que o conhecestes, meus senhores, vós podeis dizer comigo que a natureza parece estar chorando a perda irreparável de um dos mais belos caracteres que têm honrado a humanidade. Este ar sombrio, estas gotas do céu, aquelas nuvens escuras que cobrem o azul como um crepe funéreo, tudo isso é a dor crua e má que lhe rói à natureza as mais íntimas entranhas; tudo isso é um sublime louvor ao nosso ilustre finado."

Bom e fiel amigo! Não, não me arrependo das vinte apólices que lhe deixei. E foi assim que cheguei à cláusula dos meus dias; foi assim que me encaminhei para o *undiscovered country* de Hamlet, sem as ânsias nem as dúvidas do moço príncipe, mas pausado e trôpego como quem se retira tarde do espetáculo. Tarde e aborrecido. Viram-me ir umas nove ou dez pessoas, entre elas três senhoras, minha irmã Sabina, casada com o Cotrim, a filha – um lírio-do-vale – e... Tenham paciência! Daqui a pouco lhes direi quem era a terceira senhora. Contentem-se de saber que essa anônima, ainda que não parenta, padeceu mais do que as parentas. É verdade, padeceu mais. Não digo que se carpisse, não digo que se deixasse rolar pelo chão, convulsa. Nem o meu óbito era cousa altamente dramática... Um solteirão que expira aos sessenta e quatro anos, não parece que reúna em si todos os elementos de uma tragédia. E dado que sim, o que menos convinha a essa anônima era aparentá-lo. De pé, à cabeceira da cama, com os olhos estúpidos, a boca entreaberta, a triste senhora mal podia crer na minha extinção.

– "Morto, morto!" dizia consigo.

[...]

Machado de Assis. Capítulo primeiro – Óbito do autor. In: *Memórias póstumas de Brás Cubas*. Cotia: Ateliê, 2011.

Roteiro de Leitura

Você leu três textos. O **texto 1** é o começo de um conto; o **texto 2**, uma redação escolar; o **texto 3**, o primeiro capítulo de um romance. Em cada um deles, seus autores não contam a vida deles, são apresentados momentos da vida humana pelo olhar das personagens criadas por eles.

Quem conta a história é o narrador, que não deve ser confundido, em sua natureza e função, com o autor.

Autor é a pessoa que existe fisicamente, é o produtor do texto. **Narrador** é uma entidade fictícia criada pelo autor para contar os fatos.

O narrador que conta os fatos em primeira pessoa assume o papel de uma personagem, como ocorreu nos três textos lidos.

- Identifique o autor e o narrador de cada texto. A seguir, faça um perfil desses narradores.

Assim como os autores dos textos apresentados, agora você vai escrever um texto narrativo como se fosse a personagem em torno da qual gira um conflito. Essa personagem pode ser uma pessoa, um animal ou até um objeto. O foco principal do texto a ser escrito serão as características que marcam a personagem, seus sentimentos, suas preocupações, preferências, crenças etc. Veja as seguintes sugestões de personagens:

PARTE 1

Estrutura da narrativa — Capítulo 1 – Autor/narrador

FICHA 1

Autor(a): _____

Ano: _____ Data: ____/____/____

Preparação

Escolha a personagem que você vai ser. Procure vê-la com bastante clareza. Ela deve se tornar "real" em sua imaginação. Anote alguns dados sobre ela.

Personagem

Nome: _____.

Idade: _____ Sexo: _____ Profissão: _____

Características marcantes:

_____

_____

Sonhos, medos, preocupações:

_____

_____

_____

Entrevista

Faça uma entrevista consigo mesmo. Para isso, responda às perguntas a seguir em seu caderno, como se fosse a personagem.

1. Onde você mora?
2. Como você é?
3. O que você faz?
4. Como é sua vida diária?
5. O que mais o preocupa na vida?
6. Como foi sua infância?
7. Você é feliz?
8. Se pudesse, o que mudaria no mundo?
9. O que o deixa triste?
10. O que o deixa feliz?
11. Do que você tem medo?
12. Você acredita em Deus?

Escrita

Para escrever o texto, você pode se basear nas respostas da entrevista na sequência que julgar mais adequada. Você pode também acrescentar ou eliminar perguntas. Procure construir frases curtas e claras.

Revisão

Escrever é um ato social. Por meio da escrita, as ideias são impressas e transmitidas aos demais membros da comunidade. O ato da escrita é também profissional. Os textos são intencionalmente orientados para públicos determinados. Você escreve, portanto, para ser lido. Por esse motivo, o texto final deve ser produto de muita análise. Nesta etapa, você se tornará o leitor crítico de seu próprio texto e fará uma revisão dele com base nos itens do Roteiro de revisão e avaliação abaixo. Releia seu texto como se estivesse lendo o texto de um colega. Não tenha medo de substituir, retirar ou acrescentar palavras. Às vezes, uma frase pode estar muito longa. Divida-a, então, em frases mais curtas. Outras vezes, há passagens confusas. Nesse caso, dê nova redação a esses trechos de modo que fiquem mais claros.

Roteiro de revisão e avaliação

A. Tipologia: a narrativa	☐	1. Seleciona aspectos significativos da vida da personagem que permitem caracterizá-la? 2. Emprega a primeira pessoa, mantendo uma coerência com o ponto de vista da personagem?
B. Coerência	☐	Estabelece uma relação lógica entre os elementos do texto, mantendo-os interligados a uma ideia central?
C. Coesão	☐	Emprega elementos linguísticos que dão continuidade ao texto, construindo frases claras com um vocabulário preciso?
D. Adequação à norma-padrão	☐	Demonstra domínio da norma-padrão, respeitando as convenções da escrita (ortografia/acentuação) e as normas gramaticais (pontuação, concordância, regência, colocação)?
E. Edição do texto	☐	Escreve com legibilidade, uniformidade de margens e ausência de rasuras?
Total	☐	

Comentários do leitor (professor e/ou colega)

_____
_____
_____
_____
_____
_____

Reescrita e edição final

Na página seguinte, reescreva seu texto para ser apresentado ao leitor (professor e/ou colega).

Com base no Roteiro de revisão e avaliação e nos comentários de quem leu seu texto, reescreva-o e poste-o no *site*: www.editoraibep.com.br/oficinadeescritores.

PARTE 1

Estrutura da narrativa — Capítulo 1 – Autor/narrador

FICHA 1

Autor(a): _____

Ano: _____ Data: ___/___/___

	Peso	Nota
A. Tipologia: narrativa	0 a 2,5	
B. Coerência	0 a 2,5	
C. Coesão	0 a 2,5	
D. Adequação à norma-padrão	0 a 2,5	
Total		

Comentários:

PARTE 1
Estrutura da narrativa

CAPÍTULO 2 — Mudança de narrador

> Um fato ou uma história podem ter significados diferentes dependendo de quem conta, isto é, de quem é o narrador.

O texto que você vai ler a seguir é composto de duas partes, que relatam os mesmos fatos. Cada uma das partes foi contada por um narrador diferente. A mudança de narrador, porém, determina visões distintas sobre esses acontecimentos. Leia-o para perceber como isso se dá.

TEXTO – Conto

Você me paga, bandido

O meu João volta e meia chega bêbado em casa. Sempre que vem tocado pela bebida se vinga na pobre de mim. Ameaça com o revólver, xinga de quanto nome, atropela para a rua. Antes que cure o porre, não me deixa entrar. Dez anos desta vida, doutor, isto é vida?

Naquele maldito sábado, fui ao salão da Olga, de loiro tingi o cabelo. Quando me viu, ele perguntou se não tinha vergonha, uma velha feito eu. Velha eu, doutor, nem quarenta anos? De briga não sou, ergui as mãos para o céu, de novo lá na Olga.

Madrinha de casamento da Lili, onze horas já, não queria me atrasar. Retocado o cabelo, o João me olhou bem. Disse que comigo não. Pobrinha de mim, então ia só. Na festa, no meio de tantos casais felizes, perdida estava. Tão triste, aceitei um caneco de chope. Deus me livre, sei me comportar, não fosse mãe de quatro filhos. Aflita com o menorzinho, atacado de varicela, muito o recomendei para a diarista.

De repente quem vejo ali, exibindo fagueiro o dentinho de ouro? Se engraçava com uma tipa de óculo, ruiva e sardenta. Só para me provocar, até no braço gorducho beliscava. Não bastou perdi minha mãe faz dois meses. Nem pensou no meu filho internado no asilo? O Pedrinho, coitado, do primeiro marido. Mais as brigas em casa todo dia, o doutor imagine. Epa, já saindo de carro e me deixando para trás. Não resisti e atirei o copo de cerveja no para-brisa. Sem força, só molhou o vidro, nem quebrei o copo.

Voltei de táxi para casa, já de noite. O João tinha ido para o clube. Era sábado e nenhuma comida na despensa. Liguei para o João, respondeu que dinheiro não tinha, desligou na minha cara.

Assim era demais, se não tinha dinheiro, gastava com a tal ruiva sardenta. Fui ao clube, que mostrasse a carteira. Subo a escada e ali na sala quem vejo, perna cruzada no sofá, cigarrinho na boca? Peço o dinheiro, diz que não. Cabeça baixa saio bem desiludida.

Já na escada, achei um desaforo. Deixar os filhos com fome no domingo. Voltei, ele não estava na sala. Agora na cozinha, deitava o café no pires, fazia biquinho para beber.

Mais uma vez pedi o dinheiro para as compras. Domingo sem pão deixar não podia três boquinhas. O João disse que o mercado já tinha fechado. Lembrei que no sábado fecha mais tarde. Se era assim, que tinha dinheiro, mas não dava. Me voltou as costas, bebia o cafezinho preto no pires.

O que eu podia fazer, doutor? Tirei a arma da bolsa, ele quem deu, assaltada na rua e no ônibus. Apontei para o chão, cinco tiros de uma vez. Uma bala perdida acertou na perna, quase no joelho. Para não cair, ele se segurou na mesa, a xicrinha no chão em pedaços.

Agarrada por trás, me tomaram o revólver. Arrastada para fora e jogada no tapete sujo da sala. Todos os jogadores corriam para a cozinha. Me levantei e saí, na confusão perdi a bolsa. Até hoje, doutor, uma pulseira e um broche de valor, não foi devolvida.

Isso faz um mês, doutor. Tudo está bem com o João. Sarou da perna, voltou para casa. Diz que passou o carro, a tevê, o telefone para os amigos. Não acredito e pouco me importo. Quando não bebe, me põe no colo, morde a orelha, chama de minha loirinha.

Volta e meia chega bêbado em casa. Ameaça com o revólver, xinga de quanto nome, atropela para a rua. Curado o porre, me deixa entrar. Pede perdão e jura que nunca mais.

***

Casado só na igreja, doutor. Essa crise, a gente nunca sabe, a situação financeira nada boa. Generoso nas despesas da família. Que é gastadeira, a Maria. Ainda ganha um dinheirinho, compra e vende joias. Usa o meu nome e não paga as contas. Fiquei sem crédito na praça.

Eu a conheci na boate Mil e Uma Noites. Já tinha um menino, doidinho, escondido no porão. Tirei-a da noite e levei para minha casa. Nasceram os três filhos, achei que devia casar. Soube que, o negócio das joias, tem procurado as amigas da boate. Todo o dinheiro que dou, não sei o que ela faz. Joga na loteria com esperança de pagar as dívidas.

Até o dia do bendito casamento da Lili, essa me convidou para padrinho. Um vestido de cetim preto para a Maria. E uma nota grande, metade para o presente, metade para a cabeleireira e a manicura. Trabalhando à noite, só fui vê-la de manhã. Que desgraça doutor. De amarelo tingido o cabelo. Uma senhora de quarenta e cinco anos, já viu? Ficou de ir ao salão e pintar de outra cor. Muito tarde, a festa às onze horas. Ela disse que às dez de volta. Era tempo suficiente.

Deitei para dormir um pouco. Me acordou, já dez e meia. Olhei bem para ela. Disse que não. Caso eu não fosse, então ia sozinha. Toda embonecada, saiu. Ali queimando de febre o menino com varicela.

Cochilei, por volta de duas horas chegou um amigo. Eu, o padrinho, fazendo falta, não podia deixar de ir. Me arrumei depressa e fomos no meu carro. Da porta vi a Maria já alcoolizada. Para evitar escândalo, conversei com a patroa do Neno. Tem viveiro no quintal, dele perguntei e dos canarinhos. A Maria tropeçando de bêbada, um caneco de chope na mão, aos gritos que de tudo já sabia. A mãe da Lili a chamou para o quarto, buscando acalmá-la.

Achei que o melhor era ir embora. Já no carro, a Maria veio correndo e atirou o caneco no para-brisa, sorte não quebrou. Em casa, tomei um copo de leite, por causa da úlcera. Paguei a diarista, ficasse com o menino até a Maria voltar.

No clube, de noitinha ela apareceu, ainda embriagada. Por força queria dinheiro. Pedi que fosse para casa, havia reinado bastante naquele dia. Ela se conformou e saiu. Fui à cozinha tomar um cafezinho. Mal pego na xícara, quem ali na porta? Já de revólver na mão: Agora, seu bandido, você me paga. Dois tiros a par do meu pé. Um terceiro acertou na perna esquerda acima do joelho. Me agarrei na mesa e derramei o café no chão.

A cafezeira atrás do balcão saiu correndo e esbarrou na Maria. Me apontava o revólver e, graças a Deus, o tiro desviado para o ar. Na confusão entre as duas, o Jorge que chegava pulou em cima. Mais um tiro na parede. Não sei que fim levou a arma, eu deixava em casa para proteção dela e dos filhos. Sei que fui ficando tonto e fraco, perdi bastante sangue. No pronto-socorro desde sábado à noitinha até a manhã de terça.

Não é a única vez que sou atirado pela Maria. A primeira ainda na boate, um fim de noite, ninguém se entendia. Na segunda, ela me encostou o revólver no peito e fez fogo para o alto: Você não presta nem para morrer.

Depois eu soube que fugiu para casa, fechada no quarto com o menino nos braços. O pobrezinho chorava de febre. Ou medo da mãe louca e descabelada.

Saí do hospital, dei dinheiro para os filhos. Quem ali de joelho e mão posta? Ia deixar comigo as crianças e se perder na noite. Respondi que a decisão era da justiça.

Se quisesse matar, de tão perto ela não tinha errado. Estou bom da perna. Já perdoei e fizemos as pazes. Aqui entre nós, doutor, não é feia de cetim negro e cabelinho loiro.

Dalton Trevisan. Você me paga, bandido. In: *Pão e sangue*. Rio de Janeiro: Record, 1996.

O texto "Você me paga, bandido" é estruturado com base em dois narradores.

1. Identifique e caracterize cada um desses narradores.
2. Há fatos presentes nos dois relatos e fatos presentes apenas no relato de cada narrador. Quais são eles?
3. Na fala de cada narrador, pode-se identificar uma visão masculina e outra feminina. Analise e compare as duas visões.
4. Os relatos de cada narrador têm um ouvinte em comum. Quem seria ele?

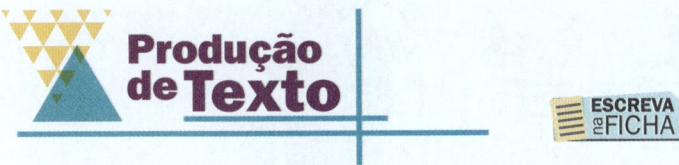

Escolha uma das propostas a seguir.

1. Narre os fatos do texto "Você me paga, bandido" assumindo como narrador a posição do ouvinte (o "doutor") a quem as personagens se dirigem.
2. Os fatos seguintes são contados a partir da visão de dois narradores-personagens distintos: Rosa e Leo. Narre esses mesmos fatos sob a ótica de uma terceira personagem: Júlia.

Lembre-se: o narrador em primeira pessoa é uma personagem criada, e não o próprio autor. Assuma a personagem para dar mais vida ao texto.

Rosa

Na hora da saída, de pé na porta da escola, nosso grupo se reuniu para decidir onde nos encontraríamos para o trabalho.

— Que tal lá em casa hoje, às cinco da tarde? — sugeriu Leo.

Nós concordamos e ele ficou de passar o endereço por *e-mail*.

— Vamos pra casa juntos, Leo?

— Claro, Júlia.

Que óóódio dessa Júliaaaa!, berrei mentalmente.

— Quer ir andando com a gente, Rosa?

Ah, fala sério, garoto!, eu quase disse. Era só o que faltava, eu ir de vela pro futuro casalzinho. Tudo bem que o Leo parecia querer se aproximar de mim nos últimos dias, mas me deixar de vela era uma crueldade. Um idiota, o Leo.

Leo

Eu juro que me espantei comigo mesmo na hora em que chamei a Rosa pra ir com a gente. Sou assim, de repente. A Júlia, a gostosa da escola, querendo ir comigo pra casa, e eu chamando a Rosa pra ir junto. Já estava imaginando a zoação dos caras: "Qual é, mermão? Ficou maluco?"

Era fato, eu queria me aproximar da Rosa. Não sei bem por que, nem pra quê, já que a menina não me dava a menor trela, mas, por algum motivo que eu desconhecia, era bom estar perto dela. Queria que ela parasse de implicar comigo e passasse a ir mais com a minha cara. Pô, sempre fui gente boa, o que essa garota tem que não enxerga todo o meu carisma?, eu zoei em silêncio, antes de ouvir a resposta, que seria um balde de água fria se eu estivesse a fim dela.

Thalita Rebouças. *Ela disse, ele disse*. Rio de Janeiro: Rocco, 2010.

PARTE 1

Estrutura da narrativa Capítulo 2 – Mudança de narrador

FICHA 2

Autor(a): _____

Ano: _____ Data: ____/____/____

Preparação

Antes de começar a escrever o texto, caracterize o narrador: defina sua idade, suas características físicas e/ou psicológicas marcantes, seu modo de agir etc. A ficha a seguir poderá ajudá-lo a criar esse perfil.

Narrador

Nome: _____.

Idade: _____ Sexo: _____ Profissão: _____

Características físicas e/ou psicológicas marcantes:

_____
_____
_____

Modo de agir:

_____
_____
_____
_____

Preocupações:

_____
_____
_____
_____

Escrita

Ao escrever o texto, procure selecionar momentos da história que estejam de acordo com o ponto de vista do narrador. Conte apenas aquilo que ele pode ver, ouvir e sentir.

Revisão

Produzir um bom texto é consequência de um trabalho quase artesanal com as palavras. Por esse motivo, a releitura atenta e consciente da história que você escreveu decidirá em grande parte seu sucesso. Nessa leitura, observe atentamente parágrafo por parágrafo, frase por frase e, inclusive, palavra por palavra. Não tenha receio de alterar uma frase, substituir uma palavra, eliminar outra, acrescentar novas informações. Se possível, procure ler o texto em voz alta – isso lhe propiciará observar o ritmo das palavras e a sequência do texto. Para organizar seu trabalho de revisão, guie-se pelo Roteiro de revisão e avaliação abaixo.

Roteiro de revisão e avaliação

A. Tipologia: a narrativa	☐	Na condução da narrativa, a abordagem apresentada está adequada ao perfil do narrador escolhido?
B. Coerência	☐	Estabelece uma relação lógica entre os elementos do texto, mantendo-os interligados a uma ideia central?
C. Coesão	☐	Emprega elementos linguísticos que dão continuidade ao texto, construindo frases claras com um vocabulário preciso?
D. Adequação à norma-padrão	☐	Demonstra domínio da norma-padrão, respeitando as convenções da escrita (ortografia/acentuação) e as normas gramaticais (pontuação, concordância, regência, colocação)?
E. Edição do texto	☐	Escreve com legibilidade, uniformidade de margens e ausência de rasuras?
Total	☐	

Comentários do leitor (professor e/ou colega)

_____
_____
_____
_____
_____
_____
_____
_____

Reescrita e edição final

Na página seguinte, reescreva seu texto para ser apresentado ao leitor (professor e/ou colega).

Com base no Roteiro de revisão e avaliação e nos comentários de quem leu seu texto, reescreva-o e poste-o no *site*: www.editoraibep.com.br/oficinadeescritores.

PARTE 1

Estrutura da narrativa — Capítulo 2 – Mudança de narrador

FICHA 2

Autor(a): _____

Ano: _____ Data: ____/____/____

	Peso	Nota
A. Tipologia: narrativa	0 a 2,5	
B. Coerência	0 a 2,5	
C. Coesão	0 a 2,5	
D. Adequação à norma-padrão	0 a 2,5	
Total		

Comentários:

PARTE 1
Estrutura da narrativa

CAPÍTULO 3
Foco narrativo

Dependendo do narrador, uma história pode assumir significações diferentes.

A posição que o narrador assume para relatar uma história chama-se **foco narrativo** ou **ponto de vista**.

Há dois focos narrativos básicos:

> 1. **Foco narrativo em primeira pessoa** — o narrador é uma das personagens envolvidas na história. Ele fala dele mesmo, por isso emprega a primeira pessoa. Denomina-se **narrador-personagem**.
> 2. **Foco narrativo em terceira pessoa** — o narrador não participa dos acontecimentos. Ele fala das personagens, por isso emprega a terceira pessoa. É um observador. Denomina-se **narrador-observador**.

Para observar a diferença entre esses focos narrativos, leia os textos a seguir.

TEXTO 1 – Romance (fragmento) – Foco narrativo em 1ª pessoa

Angústia

Alguns dias depois achava-me no banheiro, nu, fumando, fantasiando maluqueiras, o que sempre me acontece. Fico assim duas horas, sentado no cimento. Tomo uma xícara de café às seis horas e entro no banheiro. Saio às oito. Visto-me à pressa e corro para a repartição. Enquanto estou ali fumando, nu, as pernas estiradas, dão-se grandes revoluções na minha vida. Faço um livro notável, um romance. Os jornais gritam, uns me atacam, outros me defendem. O diretor olha-me com raiva, mas sei perfeitamente que aquilo é ciúme e não me incomodo. Vou crescer muito. Quando o homem me repreender por causa da informação errada, compreenderei que se zanga porque o meu livro é comentado nas cidades grandes. E ouvirei as censuras resignado. Um sujeito me dirá:

– Meus parabéns, seu Silva. O senhor escreveu uma obra excelente. Está aqui a opinião dos críticos.

– Muito obrigado, doutor.

Abro a torneira, molho os pés. Às vezes passo uma semana compondo esse livro que vai ter grande êxito e acaba traduzido em línguas distantes. Mas isto me enerva. Ando no mundo da lua. Quando saio de casa, não vejo os conhecidos. Chego atrasado à repartição. Escrevo omitindo palavras, e se alguém me fala, acontece-me responder verdadeiros contrassensos. Para limitar-me às práticas ordinárias, necessito esforço enorme, e isto é doloroso. Não consigo voltar a ser o Luís da Silva de todos os dias. Olham-me surpreendidos: naturalmente digo tolices, sinto que tenho um ar apalermado. Tento reprimir estas crises de megalomania, luto desesperadamente para afastá-las. Não me dão prazer: excitam-me e abatem-me. Felizmente passam-se meses sem que isto me apareça.

De ordinário fico no banheiro, sentado, sem pensar, ou pensando em muitas coisas diversas umas das outras, com os pés na água, fumando, perfeitamente Luís da Silva. Uma formiga que surge traz-me quantidade enorme de recordações, tudo quanto li em almanaques sobre insetos. Agora não há nenhum livro traduzido, nenhuma vaidade. Olho a formiga. Quando ela vai entrar no formigueiro, trago-a para perto de mim, faço no chão um círculo com o dedo molhado, deixo-a numa ilha, sem poder escapulir-se. Observo-a e penso nos costumes dela, que vi nos almanaques.

Graciliano Ramos. *Angústia*. 65. ed. São Paulo: Record, 2011.

TEXTO 2 – Conto (fragmento) – Foco narrativo em 3ª pessoa

Carmela

Dezoito horas e meia. Nem mais um minuto porque a madame respeita as horas de trabalho. Carmela sai da oficina. Bianca vem ao seu lado.

A Rua Barão de Itapetininga é um depósito sarapintado de automóveis gritadores. As casas de modas (Ao Chic Parisiense, São Paulo-Paris, Paris Elegante) despejam nas calçadas as costureirinhas que riem, falam alto, balançam os quadris como gangorras.

– Espia se ele está na esquina.
– Não está.
– Então está na Praça da República. Aqui tem muita gente mesmo.
– Que fiteiro!

O vestido de Carmela coladinho no corpo é de organdi verde. Braços nus, colo nu, joelhos de fora. Sapatinhos verdes. Bago de uva marengo maduro para os lábios dos amadores.

– Ai que rico corpinho!
– Não se enxerga, seu cafajeste? Português sem educação!
[...]

Antônio de Alcântara Machado. Carmela. In: *Novelas paulistanas*. Rio de Janeiro: José Olympio, 1973.

Ao contar uma história, o narrador pode assumir duas posições básicas:

Primeira posição: **fora da história**. Nesse caso, o narrador assume o ponto de vista de observador. Ele tem consciência de tudo o que acontece com as personagens, o passado, o presente e o futuro. Conhece também os pensamentos e os sentimentos. Por isso, é chamado de **narrador-observador** ou **narrador-onisciente**. Ao narrar, ele emprega a **terceira pessoa**.

Segunda posição: **dentro da história**. O narrador conta os fatos a partir do ponto de vista de uma das personagens envolvidas na história. Os fatos, os sentimentos, os pensamentos e as sensações traduzem o ponto de vista da personagem que narra. É um **narrador-personagem**. Geralmente, é a personagem principal da história. Ao narrar desse ponto de vista, emprega a **primeira pessoa**.

RESPONDA NO CADERNO

1. A escolha do narrador como observador ou como personagem depende da intencionalidade do texto. De acordo com a posição assumida, o texto consegue explorar o conflito vivido pela personagem de maneiras distintas. Discuta com seus colegas as vantagens e as desvantagens de narrar uma história como narrador-observador ou como narrador-personagem.

2. No **texto 1**, o narrador assumiu o ponto de vista da personagem. Por que o autor pode ter decidido por esse ponto de vista? O que isso lhe favoreceu?

3. No **texto 2**, o narrador, ao contrário, é um observador dos fatos. Esse texto teria o mesmo efeito se fosse narrado em primeira pessoa? Por quê?

4. Identifique o foco narrativo presente em cada um dos textos a seguir. Depois, reescreva-os mudando esse foco. Faça as alterações que julgar necessárias.

A

"Subiu lentamente a escada, arrastando os pés nos degraus. Estacou para respirar, apenas uma vez, no meio dos trinta degraus: ainda era um homem. Entrou na cozinha e, sem olhar para a mulher, sem lavar as mãos, sentou-se à mesa. Ela encheu o prato de sopa e colocou-o diante do marido."

Dalton Trevisan. *Novelas nada exemplares*. São Paulo: Record, 1994.

B

"Leniza foi para o quarto. Sentiu necessidade de água, de mergulhar o corpo envolvido pela água, acariciado pela água, protegido pela água. Mas não teve coragem de ir ao tanque, no fundo da casa, junto ao chuveiro. Encheu a bacia, onde mergulhou o rosto. A água estava morna, não refrescava. Leniza molhou o pescoço, os cabelos, os braços, atirou-se na cama sem se enxugar."

Marques Rebelo. *A estrela sobe*. Rio de Janeiro: Nova Fronteira, 2001.

C

"Decidi abandonar meu marido. Não posso mais viver com ele. Talvez ele não se incomode muito com isso, não creio que ele goste de mim. Não somos sequer amigos, no sentido trivial da palavra. Ele não se interessa pelo meu bem-estar, não quer saber se estou feliz ou infeliz e quando estou doente me trata com impaciência, como se eu tivesse cometido algum crime."

Rubem Fonseca. *A coleira do cão*. Rio de Janeiro: Agir, 2010.

D

"Eu tinha uns quatro anos no dia em que minha mãe morreu. Dormia no meu quarto, quando pela manhã acordei com um enorme barulho na casa toda. Eram gritos e gente correndo para todos os cantos. O quarto de dormir de meu pai estava cheio de pessoas que eu não conhecia. Corri para lá e vi minha mãe estendida no chão e meu pai caído em cima dela como um louco. A gente toda que estava ali olhava para o quadro como se estivesse a assistir a um espetáculo. Vi então que minha mãe estava toda banhada em sangue, e corri para beijá-la, quando me pegaram pelo braço com força. Chorei, fiz o possível para livrar-me. Mas não me deixaram fazer nada. Um homem que chegou com uns soldados mandou então que todos saíssem, que só podia ficar ali a polícia e mais ninguém."

José Lins do Rego. *Menino de engenho*. Rio de Janeiro: José Olympio, 2010.

5. Reescreva o texto a seguir mudando o foco narrativo de 1ª para 3ª pessoa.

Realidade

O sol a pino transmitia toda a realidade que eu queria esquecer: as consequências da estiagem provocando doenças, fome, morte. Subi no ônibus, saco nas costas. Ainda virei para trás e enxerguei, em meio à poeira, minha esposa e filhos que acenavam, chorando.

Sentei-me: bancos sujos, pessoas doentes, insetos. Mas estava contente, com muita esperança, pois sabia que encontraria emprego, comida e muito dinheiro. Logo estaria de volta, para buscar minha família; não poderia esquecer de trazer brinquedos para as crianças e um par de sapatos de salto para Conceição.

Cada vez mais, eu me envolvia com uma nova vida e fui esquecendo, ao longo da estrada, os meus 47 anos de vida sofrida, de fome, de seca. Desde criança, ano após ano procurava comida nos pratos alheios, procurava abrigar a paz que desconhecia.

Enfim, havia chegado no meu outro mundo. Atrás da minha esperança escondia-se um grande medo da cidade, das pessoas, do progresso.

Batalhei por vários meses. Fiz de tudo, mas, ao mesmo tempo, não fiz nada. Consegui o suficiente para não morrer de fome. Recebi "nãos", pontapés, ofensas. Fui marginalizado.

Voltei: roupas em trapos, descalço, a sacola vazia, o mesmo João. Minha pele negra absorvia o sol quente. A cabeça vazia, o cabelo encarapinhado. O suor do rosto misturava-se com as lágrimas. Eu chorava, ao ver minhas mãos calejadas sem recompensa: vazias, sem boneca, sem carrinho colorido, sem sapato de salto.

Márcia Maria Lopes de Mello (redação escolar).

6. Reescreva o texto a seguir mudando o foco narrativo de 3ª para 1ª pessoa.

Quem tem medo de onça?

Apareceu na cidadezinha de Pedras Altas numa chuva antiga. Em boa sela e melhor estribo veio ele. Falava pelo canto da boca – do outro lado a brasa do charuto ameaçava incendiar o mundo. No Hotel da Estação, depois de sacar de uma devastadora garrucha, deu nome e patente:

– Capitão Quirino Dias.

Mandou que arrumassem o seu baú dentro do maior cuidado. E espadanando fumaça até no teto da sala:

– É tudo munição! Coisa de muita responsabilidade.

A cidadezinha de Pedras Altas viu logo que estava diante de um pistoleiro de marca maior. E isso ganhou raiz quando um tropeiro, parando no Hotel da Estação para deixar encomenda de boca, espalhou que o sujeitão do charuto era perseguido da Justiça. Que matava só pelo gosto de ver que lado o cristão caía. E de mula picada:

– Vou ligeirinho que esse capitão é pior que cobra em brasa.

Foi. Atrás da poeira do tropeiro a fama de Quirino Dias cresceu de não caber em sala e saleta, de jorrar pelos telhados de Pedras Altas. No Hotel da Estação o melhor pedaço era para seu dente, o melhor doce, para sua língua. E no dia em que bebeu cachaça com pólvora, na vista de todo o Hotel da Estação, sua fama não teve mais freio. Bebeu e disse:

– Tenho trabalho longe. Só volto na semana entrante.

No quarto, remexeu o baú e sumiu nas patas do seu brasino. Pedras Altas, por trás de portas e janelas assustadas, comentou: – É viagem de tocaia.

A bem dizer, a cidade era dele. Seus pedidos de dinheiro corriam nos pés dos moleques de leve e traz. E era quem mais queria municiar o capitão, no medo que ele fosse ao baú. Quirino mesmo apregoava pelo canto da boca que o charuto deixava livre:

— Não abro aquela peça sem proveito.

Foi quando aconteceu o caso da onça. A notícia veio ligeira e ligeira entrou no Hotel da Estação. A pintada era um capeta de olho em brasa. Um portador, chegado fresquinho do mato, derramou no ouvido do povo a última artimanha da onça:

— Limpou o curral de Nonô Pestana de não ficar nem bicho de pele nem bicho de pena.

Uma embaixada de coronéis, com todos os seus pertences, correu para pedir a Quirino Dias providências contra a onça. E Quirino, espantado:

— Onça? Deu onça em Pedras Altas? Socorro! Quero lá saber disso! Vou embora neste justo momento.

Não teve tempo de levar o baú, uma peça de folha de flandres onde guardava suas bugigangas — pentes, rendinhas, frascos de cheiro, alfinetes e águas de moça. Quirino Dias era caixeiro-viajante.

José Cândido de Carvalho. Por que Lulu Bergantim não atravessou o Rubicon. Rio de Janeiro: José Olympio, 1971. Disponível em: <http://www.diaadiaeducacao.pr.gov.br/portals/cadernospde/pdebusca/producoes_pde/2010/2010_unioeste_port_pdp_margarete_casali.pdf>. Acesso em: 12 set. 2016.

Produção de Texto

ESCREVA na FICHA

Escreva uma história com base nos quadrinhos a seguir:

Bruno Badain

Para narrar a história, você pode assumir, basicamente, três posições:

- pode ser um observador do que aconteceu;
- pode assumir o ponto de vista do homem;
- pode assumir o ponto de vista da mulher.

No primeiro caso, você será um narrador que não participa dos fatos. Será um narrador-observador, assumindo uma posição que se denomina **foco narrativo em 3ª pessoa**.

Nas outras duas possibilidades, você será uma das personagens. Nesse caso, trata-se de um narrador-personagem, com o **foco narrativo em 1ª pessoa**.

A escolha do foco narrativo é determinada pelo tipo de problema que o narrador pretende apresentar. Em relação aos quadrinhos, se o narrador pretende, por exemplo:

a) Contar os conflitos vividos pelo casal – escolherá o foco narrativo em 3ª pessoa.

b) Contar sobre os sonhos futuros que o homem tinha com uma mulher e que foram frustrados devido a um grave acontecimento – escolherá o foco narrativo em 1ª pessoa, assumindo a personagem masculina.

c) Focalizar a rudeza e a incompreensão do marido que fizeram a mulher sofrer muito durante longo tempo do casamento – escolherá o foco narrativo em 1ª pessoa, assumindo a personagem feminina.

PARTE 1

Estrutura da narrativa — Capítulo 3 – Foco narrativo

FICHA 3

Autor(a): _____

Ano: _____ Data: ____/____/____

Preparação

Organize os dados da história que você vai escrever. Para isso, siga este roteiro, que o ajudará a pensar em alguns aspectos fundamentais da sua narrativa.

a) **Fatos** (síntese do que aconteceu):

_____
_____
_____
_____

b) **Personagens** (nomes e principais características):

_____
_____
_____

c) **Conflito** (problema central vivido pelas personagens):

_____
_____
_____

d) **Narrador** (posição do narrador):

_____
_____
_____
_____

Escrita

O texto deverá ter coerência com o ponto de vista do narrador escolhido. Comece a história focalizando a personagem, de preferência, em pleno conflito. Não se preocupe muito em explicar ao leitor como o conflito é resolvido. Procure apenas sugerir, fornecendo algumas pistas que lhe permitam imaginar o final da história.

Revisão

Na revisão de seu texto, observe a coerência do foco narrativo. Para isso, veja se a seleção dos fatos e dos aspectos da realidade exterior e interior está de acordo com a visão do narrador-personagem escolhido. Para organizar seu trabalho de revisão, guie-se pelo Roteiro de revisão e avaliação abaixo.

Roteiro de revisão e avaliação

A. Tipologia: a narrativa	☐	Seleciona fatos e características das personagens coerentes com o ponto de vista do narrador?
B. Coerência	☐	Estabelece uma relação lógica entre os elementos do texto, mantendo-os interligados a uma ideia central?
C. Coesão	☐	Emprega elementos linguísticos que dão continuidade ao texto, construindo frases claras com um vocabulário preciso?
D. Adequação à norma-padrão	☐	Demonstra domínio da norma-padrão, respeitando as convenções da escrita (ortografia/acentuação) e as normas gramaticais (pontuação, concordância, regência, colocação)?
E. Edição do texto	☐	Escreve com legibilidade, uniformidade de margens e ausência de rasuras?
Total	☐	

Comentários do leitor (professor e/ou colega)

_____
_____
_____
_____
_____
_____
_____
_____

Reescrita e edição final

Na página seguinte, reescreva seu texto para ser apresentado ao leitor (professor e/ou colega).

Com base no Roteiro de revisão e avaliação e nos comentários de quem leu seu texto, reescreva-o e poste-o no *site*: www.editoraibep.com.br/oficinadeescritores.

PARTE 1
Estrutura da narrativa — Capítulo 3 – Foco narrativo

FICHA 3

Autor(a): _____

Ano: _____ Data: ____/____/____

	Peso	Nota
A. Tipologia: narrativa	0 a 2,5	
B. Coerência	0 a 2,5	
C. Coesão	0 a 2,5	
D. Adequação à norma-padrão	0 a 2,5	
Total		

Comentários:

PARTE 1
Estrutura da narrativa

CAPÍTULO 4 — Narração e descrição

> Um dos componentes básicos de uma narrativa é o tempo. Os fatos e os aspectos da realidade física e interior vividos pela personagem podem ser apresentados pelo narrador em uma progressão. Nesse caso, o narrador emprega um processo de composição denominado **narração**.
>
> Mas o narrador pode também apresentar ao leitor aspectos da realidade simultâneos a essa progressão temporal. Essa forma de composição denomina-se **descrição**.

No texto a seguir, estão presentes essas duas formas de composição.

TEXTO – Romance (fragmento)

Capítulo X

[...]
Quando o marido da Piedade disse um segundo cochicho à Rita, Firmo precisou empregar grande esforço para não ir logo *às do cabo*.

Mas, lá pelo meio do pagode, a baiana caíra na imprudência de derrear-se toda sobre o português e soprar-lhe um segredo, requebrando os olhos. Firmo, de um salto, aprumou-se então defronte dele, medindo-o de alto a baixo com um olhar provocador e atrevido. Jerônimo, também posto de pé, respondeu altivo com um gesto igual. Os instrumentos calaram-se logo. Fez-se um profundo silêncio. Ninguém se mexeu do lugar em que estava. E, no meio da grande roda, iluminados amplamente pelo capitoso luar de abril, os dois homens, perfilados defronte um do outro, olhavam-se em desafio.

Jerônimo era alto, espadaúdo, construção de touro, pescoço de Hércules, punho de quebrar um coco com um murro: era a força tranquila, o pulso de chumbo. O outro, franzino, um palmo mais baixo que o português, pernas e braços secos, agilidade de maracajá: era a força nervosa; era o arrebatamento que tudo desbarata no sobressalto do primeiro instante. Um, sólido e resistente; o outro, ligeiro e destemido, mas ambos corajosos.

– Senta! Senta!
– Nada de rolo!
– Segue a dança, gritaram em volta.

Piedade erguera-se para arredar o seu homem dali.

O cavouqueiro afastou-a com um empurrão, sem tirar a vista de cima do mulato.

— Deixa-me ver o que quer de mim este cabra!..., rosnou ele.

— Dar-te um banho de fumaça, galego ordinário! respondeu Firmo, frente a frente; agora avançando e recuando, sempre com um dos pés no ar, e bamboleando todo o corpo e meneando os braços, como preparado para agarrá-lo.

Jerônimo, esbravecido pelo insulto, cresceu para o adversário com um soco armado; o cabra, porém, deixou-se cair de costas, rapidamente, firmando-se nas mãos o corpo suspenso, a perna direita levantada; e o soco passou por cima, varando o espaço, enquanto o português apanhava no ventre um pontapé inesperado.

— Canalha! berrou possesso; e ia precipitar-se em cheio sobre o mulato, quando uma cabeçada o atirou no chão.

— Levanta-se, que não dou em defuntos! exclamou o Firmo, de pé, repetindo a sua dança de todo o corpo.

O outro erguera-se logo e, mal se tinha equilibrado, já uma rasteira o tombava para a direita, enquanto da esquerda ele recebia uma tapona na orelha. Furioso, desferiu novo soco, mas o capoeira deu para trás um salto de gato e o português sentiu um pontapé nos queixos.

Espirrou-lhe sangue da boca e das ventas. Então fez-se um clamor medonho. As mulheres quiseram meter-se de permeio, porém o cabra as emborcava com rasteiras rápidas, cujo movimento de pernas apenas se percebia. Um horrível sarilho se formava. João Romão fechou às pressas as portas da venda e trancou o portão da estalagem, correndo depois para o lugar da briga. O Bruno, os mascates, os trabalhadores da pedreira, e todos os outros que tentaram segurar o mulato, tinham rolado em torno dele, formando-se uma roda limpa, no meio da qual o terrível capoeira, fora de si, doido, reinava, saltando a um tempo para todos os lados, sem consentir que ninguém se aproximasse. O terror arrancava gritos agudos. Estavam já todos assustados, menos a Rita que, a certa distância, via, de braços cruzados, aqueles dois homens se baterem por causa dela; um ligeiro sorriso encrespava-lhe os lábios. A lua escondera-se; mudara o tempo; o céu, de limpo que estava, fizera-se cor de lousa; sentia-se um vento úmido de chuva. Piedade berrava, reclamando polícia; tinha levado um troca-queixos do marido, porque insistia em tirá-lo da luta. As janelas do Miranda acumulavam-se de gente. Ouviam-se apitos, soprados com desespero.

[...]

Aluísio Azevedo. Capítulo X. In: *O cortiço*. São Paulo: Companhia Editora Nacional, 2004.

Roteiro de Leitura

Para analisar a diferença entre narração e descrição, vamos destacar dois trechos do texto.

TRECHO A

"Jerônimo, esbravecido pelo insulto, cresceu para o adversário com um soco armado; o cabra, porém, deixou-se cair de costas, rapidamente, firmando-se nas mãos o corpo suspenso, a perna direita levantada; e o soco passou por cima, varando o espaço, enquanto o português apanhava no ventre um pontapé inesperado."

TRECHO B

"Os instrumentos calaram-se logo. Fez-se um profundo silêncio. Ninguém se mexeu do lugar em que estava. E, no meio da grande roda, iluminados amplamente pelo capitoso luar de abril, os dois homens, perfilados defronte um do outro, olhavam-se em desafio."

Nesses dois trechos, o narrador transmite aspectos da realidade ficcional. Há, porém, uma diferença na maneira como eles são apresentados.

No **trecho A**, o autor captou determinados aspectos da história em seu dinamismo, transmitindo ao leitor, por meio das ações das personagens, a progressão dos fatos em seu desenvolvimento temporal. Essa forma de apresentar a realidade denomina-se **narração**.

1 ≫ 2 ≫ 3 ≫ 4

1. "Jerônimo, esbravecido pelo insulto, cresceu para o adversário com um soco armado;"
2. "o cabra, porém, deixou-se cair de costas, rapidamente, firmando-se nas mãos o corpo suspenso, a perna direita levantada;"
3. "e o soco passou por cima, varando o espaço;"
4. "enquanto o português apanhava no ventre um pontapé inesperado."

A narração constitui o relato de uma progressão de fatos, dispostos em sequência temporal.

No **trecho B**, os aspectos da realidade ficcional apresentados pelo narrador acontecem ao mesmo tempo, são simultâneos. Não há entre eles uma marca temporal que indique progressão. Essa forma de apresentar a realidade denomina-se **descrição**.

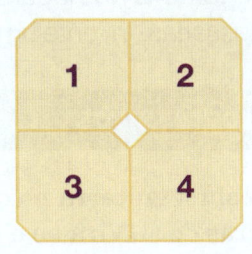

1	2
3	4

1. "Os instrumentos calaram-se logo."
2. "Fez-se um profundo silêncio."
3. "Ninguém se mexeu do lugar em que estava."
4. "os dois homens, perfilados defronte um do outro, olhavam-se em desafio."

A descrição capta a simultaneidade de fatos e aspectos que compõem a realidade.

> **RESPONDA no CADERNO**

1. Informe, nos trechos seguintes, se o processo utilizado pelo narrador: foi narração ou descrição.

   a) "O outro erguera-se logo e, mal se tinha equilibrado, já uma rasteira o tombava para a direita, enquanto da esquerda ele recebia uma tapona na orelha. Furioso, desferiu novo soco, mas o capoeira deu para trás um salto de gato e o português sentiu um pontapé nos queixos."

   b) "Jerônimo era alto, espadaúdo, construção de touro, pescoço de Hércules, punho de quebrar um coco com um murro: era a força tranquila, o pulso de chumbo. O outro, franzino, um palmo mais baixo que o português, pernas e braços secos, agilidade de maracajá: era a força nervosa; era o arrebatamento que tudo desbarata no sobressalto do primeiro instante. Um, sólido e resistente; o outro, ligeiro e destemido, mas ambos corajosos."

   c) "Piedade berrava, reclamando polícia; tinha levado um troca-queixos do marido, porque insistia em tirá-lo da luta. As janelas do Miranda acumulavam-se de gente. Ouviam-se apitos, soprados com desespero."

   d) "Mas, lá pelo meio do pagode, a baiana caíra na imprudência de derrear-se toda sobre o português e soprar-lhe um segredo, requebrando os olhos. Firmo, de um salto, aprumou-se então defronte dele, medindo-o de alto a baixo com um olhar provocador e atrevido."

2. Em uma descrição, a ordenação dos fatos não é um fator determinante, por não haver progressividade entre eles. Você encontrará, a seguir, um conjunto de aspectos. Ordene-os na sequência que julgar adequada e componha um texto descritivo.

   a) Os olhos do gato riscam no escuro, verdes, demoníacos.

   b) A ladeira faz uma curva.

   c) As casas, velhas, tortas, desalinhadas, dormem.

   d) Os passos ecoam, sinistros, secos, vagarosos.

   e) Nenhuma janela acesa, nenhuma luz pelas frinchas.

   f) Os lampiões silvam.

3. O **texto A** é narrativo: os fatos acontecem um depois do outro. O **texto B** é descritivo: os fatos acontecem ao mesmo tempo, são simultâneos.

   Acrescente ao **texto A** as frases do **texto B** nos lugares que você julgar adequados, fazendo as adaptações que considerar necessárias. Invente um título para o texto que você organizou.

TEXTO A – Narração: fatos progressivos

Tato aproxima-se de Renato, encosta a guitarra no chão, senta-se e suspira...
De repente, Tato ouve uma voz atrás de si. Vira-se e se depara com Caio, trazendo uma mochila nas costas e tirando um mp3 do bolso.
– Vocês precisam ouvir isso! – exclama Caio, vibrando.
Renato se levanta, olha tranquilamente para o entusiasta, e lhe pergunta:
– O que traz aí?
– Consegui uma música de primeira, enfim. – Caio fala levantando um dos braços.
Tato permanece sentado, dobra os joelhos, coloca sobre eles os cotovelos, apoia o queixo sobre as mãos fechadas e declara, quase declamando:
– O difícil é definir música de primeira!...

Texto do autor.

TEXTO B – Descrição: fatos simultâneos

A rua estava deserta, mas plana, limpa e envolvida em uma brisa principiante.
O Sol se põe devagarinho.
Ele tinha aparência reflexiva, densa e estranha.
Na cabeça, um boné de sua banda favorita.
Os tênis velhos, rasgados e lateralmente sujos.
O rosto dele brilhava como o Sol em dia de chuva.
Cada um desvendava a composição do seu próprio mundo.

Texto do autor.

Produção de Texto

ESCREVA na FICHA

Observe atentamente esta ilustração. Ela capta determinado momento de uma situação que está sendo vivida pelas personagens.

Bruno Badain

Com base nas ilustrações abaixo, escreva, na ficha a seguir, um texto narrativo, um descritivo e outro narrativo-descritivo.

Texto narrativo: fatos progressivos

| antes | durante | depois |

Imagine o que aconteceu antes e depois do fato apresentado pela ilustração acima. Depois, narre a sequência dos fatos.

Texto descritivo: aspectos simultâneos

| antes | durante | depois |

Descreva as ilustrações acima. Essa descrição deve ser capaz de sugerir ao leitor as sensações do ambiente e a caracterização física e psicológica das personagens.

Texto narrativo-descritivo: fatos progressivos e aspectos simultâneos

Na ficha, escreva um texto mesclando os elementos narrativos e descritivos dos textos anteriores.

PARTE 1

Estrutura da narrativa — Capítulo 4 – Narração e descrição

FICHA 4

Autor(a): _____

Ano: _____ Data: ____/____/____

Preparação

a) **Narração:** relate a sequência dos fatos.

_____
_____
_____
_____
_____
_____
_____
_____
_____

b) **Descrição:** selecione aspectos simultâneos.

_____
_____
_____
_____
_____
_____
_____
_____
_____
_____

Escrita

Escreva o texto, intercalando aspectos descritivos na sequência narrativa.

Revisão

Na revisão de seu texto, observe se os aspectos descritivos da personagem e do ambiente possibilitam ao leitor visualizar a sequência narrativa apresentada. Para organizar seu trabalho de revisão, guie-se pelo Roteiro de revisão e avaliação abaixo.

Roteiro de revisão e avaliação

A. Tipologia: a narrativa	☐	Intercala, na sequência narrativa, elementos descritivos capazes de sugerir ao leitor as sensações do ambiente e a caracterização física e psicológica das personagens?
B. Coerência	☐	Estabelece uma relação lógica entre os elementos do texto, mantendo-os interligados a uma ideia central?
C. Coesão	☐	Emprega elementos linguísticos que dão continuidade ao texto, construindo frases claras com um vocabulário preciso?
D. Adequação à norma-padrão	☐	Demonstra domínio da norma-padrão, respeitando as convenções da escrita (ortografia/acentuação) e as normas gramaticais (pontuação, concordância, regência, colocação)?
E. Edição do texto	☐	Escreve com legibilidade, uniformidade de margens e ausência de rasuras?
Total	☐	

Comentários do leitor (professor e/ou colega)

_____
_____
_____
_____
_____
_____
_____

Reescrita e edição final

Na página seguinte, reescreva seu texto para ser apresentado ao professor, depois de incorporar as sugestões dos colegas do grupo.

Com base no Roteiro de revisão e avaliação e nos comentários de quem leu seu texto, reescreva-o e poste-o no *site*: www.editoraibep.com.br/oficinadeescritores.

PARTE 1

Estrutura da narrativa — Capítulo 4 – Narração e descrição

FICHA 4

Autor(a): _____

Ano: _____ Data: ____/____/____

	Peso	Nota
A. Tipologia: narrativa	0 a 2,5	
B. Coerência	0 a 2,5	
C. Coesão	0 a 2,5	
D. Adequação à norma-padrão	0 a 2,5	
Total		

Comentários:

PARTE 1
Estrutura da narrativa

CAPÍTULO 5
Conflito da personagem

Em uma história, toda personagem vive intensamente um determinado problema, concretizando angústias, ansiedades e muitas outras emoções. A esse problema vivido pela personagem em uma história denominamos **conflito**.

O conflito pode ser de várias ordens: econômico, social, psicológico, emocional, existencial, circunstancial etc. Em uma história, o conflito é gerado pela presença de um antagonismo básico, que impede a personagem central de realizar seus desejos.

Esse antagonismo é representado por uma força externa ou interna, podendo estar presente em uma personagem antagonista (*anto* = contra; *gonia* = ação). A personagem principal, que vive o conflito, denomina-se protagonista (*proto* = primeiro; *gonia* = ação).

personagem protagonista	×	força contrária antagonista

A narrativa é, fundamentalmente, o relato de um conflito que se manifesta em uma oposição entre protagonista e antagonista. Todos os elementos que compõem a história (personagens, ações, falas, pensamentos, sentimentos, características, ambiente) serão selecionados em função do conflito vivido pela personagem protagonista.

TEXTO 1 – Conto (fragmento)

O homem alto

Desde muito me vinha preocupando o problema da minha estatura. Os anos passavam, e para cima eu não ia. Aos quinze, encalhei para sempre em um metro e quarenta e cinco.

Tinha apenas essa idade e altura, quando meus pais me largaram sozinho no mundo. Morreram quase ao mesmo tempo. E eu fiquei a pensar: como conciliar tão mesquinho tamanho com as exigências da vida moderna? Como enfrentar a luta? Ah! por que não puxei a meu pai, tipo enorme? ... Será que não sou filho dele?

Tive então que lutar dobradamente para compensar-me do que me faltava. Enquanto isso, homens altos e serenos passavam pela rua.

E dizer que éramos da mesma raça!...

Desde criança achava que devia ser bom parecer com eles. Perderia a leveza, é claro, mas ia ocupar todo o vão da porta, impor-me aos outros, olhar de cima.

Foi no jogo de vôlei, quando pulava para cortar a bola e recebia aplausos, que comecei a sentir os primeiros efeitos de viver nas alturas.

Até então admirava os gigantes que à tarde deslizavam pela calçada. Depois, quando perdi a esperança de crescer, tomei raiva deles.

Aníbal Machado. O homem alto. In: *A morte da porta-estandarte*.
Rio de Janeiro: José Olympio, 2010.

TEXTO 2 – Romance (fragmento)

Olhai os lírios do campo

Que vergonha! O pai estava a dever o dinheiro do mês passado, a professora tinha reclamado o pagamento em voz alta, diante de todos os alunos. Ele era pobre, andava malvestido. Porque era quieto, os outros abusavam dele, troçavam-no, botavam-lhe rabos de papel... Sábado passado, ficara de castigo, de pé num canto, porque estava com as unhas sujas. O pior de tudo eram as meninas. Se ao menos na aula só houvesse rapazes...

Meu Deus, como era ruim, como era vergonhoso ser pobre! O Nelson escrevia com uma caneta de âmbar com anéis dourados. O Heitor tinha uma mochila de couro, onde trazia os livros e cadernos. Nas festas do fim do ano, quem fazia os discursos para a professora era o Tancredo, porque andava limpinho e bem-vestido, cheirando a extrato. [...]

Eugênio olhava para o pai, enquanto enfiava as peúgas* de lã. Lá estava ele encurvado sobre um par de calças, cosendo. Era um homem calado e murcho, velho antes dos quarenta. Tinha uma cara inexpressiva, dois olhos apagados e um ar de resignação quase bovino. Usava óculos, pois a vista já estava curta (as malditas fazendas pretas, esta luz fraca). Mais tossia do que falava. Quando falava era para se queixar da vida. Queixava-se sem amargura, sem raiva.

Eugênio tinha uma grande pena do pai, mas não conseguia amá-lo. Sabia que os filhos devem amar os pais. A professora falava na aula em "amor filial", contava histórias, dava exemplos. Mas, por mais que se esforçasse, Eugênio não lograva ir além da piedade. Tinha pena do pai. Porque ele tossia, porque ele suspirava, porque ele se lamentava, porque ele se chamava Ângelo. Ângelo é nome de gente infeliz, nome de assassinado. [...]

*peúga:
meia curta, masculina ou feminina.

Erico Verissimo. *Olhai os lírios do campo*. São Paulo: Companhia das Letras, 2005.

Roteiro de Leitura

RESPONDA no CADERNO

1. Em relação ao **texto 1**:

a) Dê-lhe um título que capte sua ideia central.

b) Sintetize, em uma frase, o conflito vivido pela personagem.

2. Em relação ao **texto 2**, responda:

   a) Quais eram os conflitos vivenciados por Eugênio?

   b) Qual era a situação central que desencadeava esses conflitos no protagonista?

A ausência de algo desejável ou a presença de algo indesejável constituem os elementos motivadores dos conflitos, de natureza interna ou externa. O conflito gera na personagem a busca por alguma coisa ou para concretizar algo que deseja, movimentando, assim, a história.

$$\frac{\text{ser}}{\text{ter}} \quad \times \quad \frac{\text{não ser}}{\text{não ter}}$$

protagonista × antagonista

Os dois textos – fragmentos de contos – são estruturados com base em um conflito vivido pela personagem.

No **texto 1**, a personagem vive um complexo: a baixa estatura. As ações, os sentimentos e as lembranças dela estão relacionados com esse conflito.

No **texto 2**, o problema da personagem gira em torno da não aceitação da imposição dos padrões de comportamento feminino. Em função desse conflito, são selecionados momentos da vida da personagem: ações, sentimentos, características, pensamentos e falas.

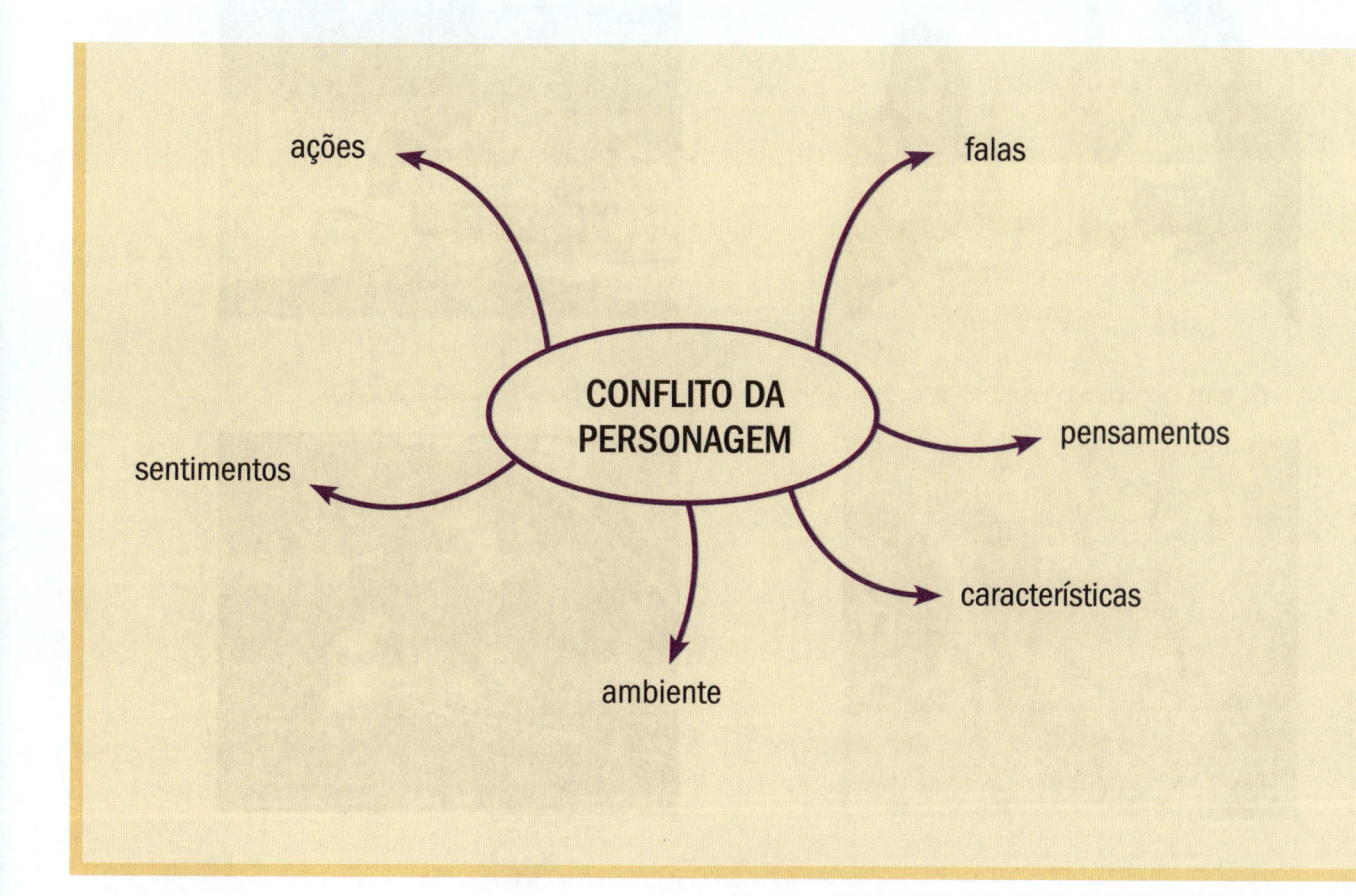

CONFLITO DA PERSONAGEM
- ações
- falas
- pensamentos
- características
- ambiente
- sentimentos

Produção de Texto

ESCREVA na FICHA

Escreva uma história cuja personagem principal (protagonista) seja a expressão de um conflito relacionado a um dos seguintes assuntos.

1. O desemprego.

2. A fome.

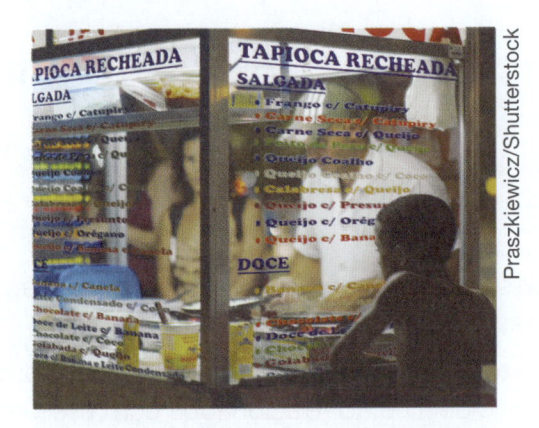

3. Um amor não correspondido.

4. O preconceito.

5. Um complexo psicológico.

6. A violência no trânsito.

PARTE 1
Estrutura da narrativa — Capítulo 5 – Conflito da personagem

FICHA 5

Autor(a): _____

Ano: _____ Data: ____/____/____

Preparação

Organize os dados da história que você irá escrever.

a) **Personagem principal (protagonista):** nome, características físicas e psicológicas.

_____
_____
_____

b) **Conflito:** especifique o problema vivido pela personagem principal de sua história.

_____
_____
_____
_____

c) **Foco narrativo:** de acordo com o conflito, escolha o foco narrativo que você julga mais adequado para evidenciar o problema.

_____
_____
_____

d) **Sinopse da história:** faça um resumo da história.

_____
_____
_____
_____

Escrita

Comece o texto focalizando a personagem já vivendo o conflito. Ações, falas, pensamentos, sentimentos, características físicas e psicológicas e ambiente: tudo deve ser selecionado em função do conflito vivido pela personagem.

Revisão

Ao reler sua história, verifique, sobretudo, se os dados presentes nela estão relacionados a um conflito central vivido pela personagem. Não se esqueça de que esse conflito será, em grande parte, responsável pela unidade do seu texto. Para organizar seu trabalho de revisão, guie-se pelo Roteiro de revisão e avaliação abaixo.

Roteiro de revisão e avaliação

A. Tipologia: a narrativa ☐	1. Apresenta no texto um conflito a ser resolvido pela personagem principal? 2. Os elementos que compõem a história (personagens, ações, pensamentos, sentimentos, características etc.) foram selecionados em função do conflito vivido pela personagem protagonista?
B. Coerência ☐	Estabelece uma relação lógica entre os elementos do texto, mantendo-os interligados a um conflito central?
C. Coesão ☐	Emprega elementos linguísticos que dão continuidade ao texto, construindo frases claras com um vocabulário preciso?
D. Adequação à norma-padrão ☐	Demonstra domínio da norma-padrão, respeitando as convenções da escrita (ortografia/acentuação) e as normas gramaticais (pontuação, concordância, regência, colocação)?
E. Edição do texto ☐	Escreve com legibilidade, uniformidade de margens e ausência de rasuras?
Total ☐	

Comentários do leitor (professor e/ou colega)

_____
_____
_____
_____
_____
_____

Reescrita e edição final

Na página seguinte, reescreva o seu texto para ser apresentado a um amigo ou a um familiar. Peça-lhe que dê opinião sobre o texto escrito por você.

Com base no Roteiro de revisão e avaliação e nos comentários de quem leu seu texto, reescreva-o e poste-o no *site*: www.editoraibep.com.br/oficinadeescritores.

PARTE 1

Estrutura da narrativa — Capítulo 5 – Conflito da personagem

FICHA 5

Autor(a): _____

Ano: _____ Data: ____/____/____

	Peso	Nota
A. Tipologia: narrativa	0 a 2,5	
B. Coerência	0 a 2,5	
C. Coesão	0 a 2,5	
D. Adequação à norma-padrão	0 a 2,5	
Total		

Comentários:

PARTE 1
Estrutura da narrativa

CAPÍTULO 6
Construção da personagem

A personagem constitui um elemento fundamental de um texto narrativo. Não há história sem personagem. Em torno dela e a partir dela, o narrador constrói o texto.

Para que o leitor possa conhecer a personagem, o narrador a apresenta a partir de várias perspectivas: **ações** (o que a personagem faz?); **falas** (o que a personagem fala?); **características físicas e psicológicas** (como a personagem é?); **pensamentos e sentimentos** (o que a personagem pensa e sente?); **ambiente** (onde a personagem está?).

Os elementos de cada uma dessas perspectivas são selecionados de acordo com o conflito vivido pela personagem.

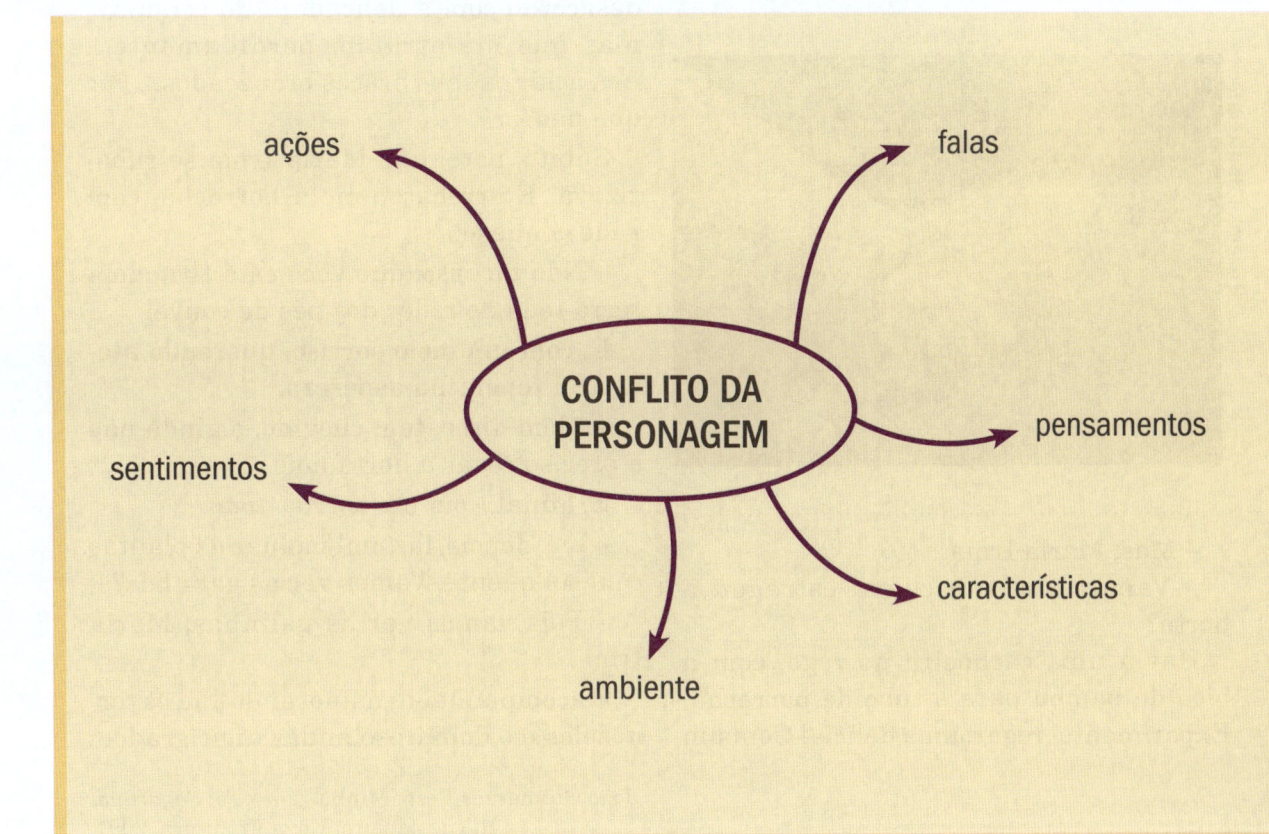

```
           ações              falas

                CONFLITO DA
                PERSONAGEM          pensamentos

    sentimentos

                                características

                ambiente
```

O texto seguinte mostra esse processo de construção.

TEXTO – Conto (fragmento)

Minha gente

Manhã maravilha. Muito cedo ainda, depois de gritos de galos e berros de bezerros, ouvi alguém cantar. Fui para a varanda, onde adensavam o ar os perfumes mais próximos, de vegetais e couros vivos. Sob a roseira, de rosas carnudas e amarelas, encontrei Maria Irma. Perguntei se era ela a dona de tão lindo timbre. Respondeu-me:

— Que ideia! Se nem para falar direito eu não tenho voz...

— Diga, Maria Irma, você pensou em mim?

— Não tenho feito outra coisa.

— Então...

— Vamos tomar leite novo?

— Vamos!

....

— E agora?

— Vamos tomar café quente?

— Vamos e venhamos............

....

— Mas, Maria Irma...

— Vamos ver se a chuva estragou a horta?

Havia uma cachoeira no rego, com a bica de bambu para o tubo de borracha. Experimentei regar: uma delícia! Com um dedo, interceptava o jacto, esparzindo-o na trouxa verde meio aberta dos repolhos, nas flácidas couves oleosas, nos tufos arrepiados dos carurus, nos quebradiços tomateiros, nos cachos de couve-flor, granulosos, e nas folhas clorínes, verde-aquarela, das alfaces, que davam um ruído gostoso no borrifo.

Maria Irma, ao meu lado, pôs-me a mão no braço. Do cabelo preto, ondulado, soltou-se uma madeixa, que lhe rolou para o rosto.

Eu apertava com força o tubo da mangueira, e o jorro, numa trajetória triunfal e libertada, ia golpear os recessos das plantinhas distantes. De repente, notei que estava com um pensamento mau: por que não namoraria a minha prima? Que adoráveis não seriam os seus beijos... E as mãos?!... Ter entre as minhas aquelas mãos morenas, um pouquinho longas, talvez em desacordo com a delicadeza do conjunto, mas que me atraíam perdidamente... Acariciar os seus braços bronzeados... Por que não?...

Súbito, notei que Maria Irma se ruborizava. E arrebatou-me a borracha, com rudeza quase:

— Não faz isso, que você está tirando a terra toda de redor dos pés de couve!

E, com um meio sorriso, querendo atenuar a repentina aspereza:

— Além disso, tem chovido, e ainda não é preciso regar a horta hoje...

E, afinal, com um sorriso todo:

— ...e, depois, faz mal molhar as plantas com sol quente. Vamos ver as galinhas?

— Pois vamos ver as galinhas, Maria Irma.

E acompanhei-a, namorando-lhe os tornozelos e o donairoso andar digitígrado.

João Guimarães Rosa. Minha gente. In: *Sagarana*. Rio de Janeiro: Nova Fronteira, 2001.

Roteiro de Leitura

No trecho extraído do conto "Minha gente", de Guimarães Rosa, o narrador conta a história apresentando:

1. Ações das personagens:

> "Maria Irma, ao meu lado, pôs-me a mão no braço."
>
> "Eu apertava com força o tubo da mangueira, e o jorro, numa trajetória triunfal e libertada, ia golpear os recessos das plantinhas distantes."
>
> "Súbito, notei que Maria Irma se ruborizava. E arrebatou-me a borracha, com rudeza quase [...]"

2. Falas:

> "– Que ideia! Se nem para falar direito eu não tenho voz...
> – Diga, Maria Irma, você pensou em mim?
> – Não tenho feito outra coisa.
> – Então...
> – Vamos tomar leite novo?
> – Vamos!"

3. Características:

> "Do cabelo preto, ondulado, soltou-se uma madeixa, que lhe rolou para o rosto."
>
> "[...] aquelas mãos morenas, um pouquinho longas, talvez em desacordo com a delicadeza do conjunto, mas que me atraíam perdidamente... Acariciar os seus braços bronzeados..."

4. Pensamentos e sentimentos:

> "[...] por que não namoraria a minha prima? Que adoráveis não seriam os seus beijos... E as mãos?!... Ter entre as minhas aquelas mãos morenas, um pouquinho longas, talvez em desacordo com a delicadeza do conjunto, mas que me atraíam perdidamente... Acariciar os seus braços bronzeados... Por que não?..."

5. Ambiente:

> "Manhã maravilha. Muito cedo ainda, depois de gritos de galos e berros de bezerros, ouvi alguém cantar. Fui para a varanda, onde adensavam o ar os perfumes mais próximos, de vegetais e couros vivos. Sob a roseira, de rosas carnudas e amarelas, encontrei Maria Irma."
>
> "Havia uma cachoeira no rego, com a bica de bambu para o tubo de borracha. Experimentei regar: uma delícia! Com um dedo, interceptava o jacto, esparzindo-o na trouxa verde meio aberta dos repolhos, nas flácidas couves oleosas, nos tufos arrepiados dos carurus, nos quebradiços tomateiros, nos cachos de couve-flor, granulosos, e nas folhas cloríneas, verde-aquarela, das alfaces, que davam um ruído gostoso no borrifo."

É trançando o tecido da linguagem, no decorrer da narrativa, que o narrador constrói as personagens. Através de elementos que lhes atribuem determinadas características, as personagens têm seus papéis designados, colaborando para a compreensão dos fatos e das ações que se desenrolam na história.

Características físicas, psicológicas e outras inferidas ou extraídas de ações, falas e pensamentos das personagens e, por vezes, do ambiente, são elementos que se conjugam para a construção das personagens.

Produção de Texto — ESCREVA na FICHA

Escolha uma das propostas:

1. Relate os fatos apresentados no texto "Minha gente" alterando o foco narrativo. Narre os fatos como se fosse Maria Irma.

Nessa mudança de foco narrativo, é evidente que se altera a significação da história: as reações, a expectativa, o medo, enfim, o conflito de Maria Irma torna-se diferente.

Imagine o que ela pode ter pensado e sentido. Crie um nome para o narrador-personagem do texto de Guimarães Rosa. Você pode, inclusive, alterar o título do texto.

2. Escreva uma história de amor cujo tema seja "o primeiro encontro".

Na composição dessa história, procure relatar não somente as ações da personagem (o que ela faz), mas principalmente suas sensações interiores (o que ela pensa e sente).

PARTE 1

Estrutura da narrativa — Capítulo 6 – Construção da personagem

FICHA 6

Autor(a): _____

Ano: _____ Data: ____/____/____

Preparação

Organize os dados da história que você irá escrever.

a) **Sinopse** da história: breve resumo dos fatos.

_____

_____

b) **Personagem principal:** nome e características físicas e psicológicas.

_____

_____

c) **Ambiente:** características do lugar onde se passa a história.

_____

_____

d) **Conflito:** especifique o problema que a personagem de sua história vive.

_____

_____

e) **Foco narrativo:** de acordo com o conflito, escolha o foco narrativo que você julga mais adequado para evidenciar o problema.

_____

_____

Escrita

No processo de escrita do texto, procure acompanhar sempre a personagem, focalizando-a sob várias perspectivas:

- O que ela faz?
- Onde ela está?
- O que ela sente?
- Como ela é?
- O que ela fala?
- O que ela pensa?

Essas perguntas podem ajudá-lo, no processo de gestação da história, a explorar aspectos variados da personagem, tornando sua história mais dinâmica e possibilitando ao leitor um envolvimento maior com os fatos.

Revisão

Na revisão de seu texto, observe se os aspectos descritivos da personagem e do ambiente possibilitam ao leitor visualizar a sequência narrativa apresentada. Para organizar seu trabalho de revisão, guie-se pelo Roteiro de revisão e avaliação abaixo.

Roteiro de revisão e avaliação

A. Tipologia: a narrativa	☐	Intercala, na sequência narrativa, elementos descritivos e falas capazes de sugerir ao leitor as sensações do ambiente e a caracterização física e psicológica da personagem?
B. Coerência	☐	Estabelece uma relação lógica entre os elementos do texto, mantendo-os interligados a um conflito central?
C. Coesão	☐	Emprega elementos linguísticos que dão continuidade ao texto, construindo frases claras com um vocabulário preciso?
D. Adequação à norma-padrão	☐	Demonstra domínio da norma-padrão, respeitando as convenções da escrita (ortografia/acentuação) e as normas gramaticais (pontuação, concordância, regência, colocação)?
E. Edição do texto	☐	Escreve com legibilidade, uniformidade de margens e ausência de rasuras?
Total	☐	

Comentários do leitor (professor e/ou colega)

_____
_____
_____
_____
_____
_____
_____
_____

Reescrita e edição final

Na página seguinte, reescreva seu texto para ser apresentado ao leitor (professor e/ou colega).

Com base no Roteiro de revisão e avaliação e nos comentários de quem leu seu texto, reescreva-o e poste-o no *site*: www.editoraibep.com.br/oficinadeescritores.

PARTE 1
Estrutura da narrativa
Capítulo 6 – Construção da personagem

FICHA 6

Autor(a): _____

Ano: _____ Data: ____/____/____

	Peso	Nota
A. Tipologia: narrativa	0 a 2,5	
B. Coerência	0 a 2,5	
C. Coesão	0 a 2,5	
D. Adequação à norma-padrão	0 a 2,5	
Total		

Comentários:

PARTE 1
Estrutura da narrativa

CAPÍTULO 7
Fala da personagem: discurso direto e discurso indireto

O texto dramático ou teatral é uma maneira possível de apresentar uma história. Em um espetáculo teatral, sabemos dos acontecimentos quando ouvimos os diálogos e vemos as ações. Acompanhamos os fatos como espectadores. Já em gêneros narrativos, como o conto, o romance, a lenda, entre outros, há alguém (narrador) que nos conta a história.

Para representar a fala das personagens nesses gêneros, o narrador pode utilizar, como no teatro, a técnica em que a personagem fala sem interferência do narrador. Para isso, emprega o **discurso direto**. Mas ele também pode contar o que a personagem fala. Nesse caso, emprega o **discurso indireto**.

Observe o uso desses recursos no texto a seguir.

TEXTO – Romance (fragmento)

Mamãe vence a batalha

Certa manhã, portão adentro, apareceu Rocco Andretta munido de enorme serrote.

– Quais são as novidades, tzi Ró? – perguntou-lhe mamãe, gentil.

– As novidades? A novidade é que esta árvore vai dar o fora daí.

Retirando o paletó, arregaçando as manga da camisa, o velho mostrava-se disposto a começar o trabalho.

Mamãe se alarmou.

– Que isso, seu Roque? Não estou entendendo nada! O senhor está querendo serrar nossa árvore? Como?

A árvore em questão era uma goiabeira, plantada por mamãe ao lado do terraço, crescendo de dar gosto, viçosa, seus primeiros frutos a amadurecer.

– É, é isso mesmo! Questa árvore vai cair fora daqui – repetiu, insolente.

Apanhou o serrote que havia largado no chão, disposto a não dar mais satisfações.

– Me desculpe, seu Roque – gritou-lhe mamãe, com toda a energia –, o senhor não vai serrar a goiabeira coisíssima nenhuma! Que mal essa planta lhe fez? Que mal ela faz a sua casa? Me responda, por favor!

– Como que mal? – respondeu Rocco bufando. – E as paisagem? Questa árvore aí esconde o meu vurcão... daqui a póco ninguém vai vê mais nada na rua! Arranco logo questa porcaria! – Estava apoplético diante da barreira encontrada, da afronta da inquilina a querer embargar os passos; a língua cada vez mais enrolada, misturando napolitano com português.

O bate-boca esquentou: Corta, não corta... chegou papai vindo da garagem, atraído pela discussão, limpando as mãos sujas de graxa numa estopa; que berreiro era aquele? De um lado Rocco de serrote em punho querendo serrar, de outro mamãe, encostada ao tronco da goiabeira em atitude heroica de defesa à vítima.

Ao inteirar-se do assunto, voz serena e firme, cara fechada, em poucas palavras seu Ernesto liquidou a questão:

– Rocco Andretta – começou, duro –, enquanto eu pagar o aluguel desta casa, faço nela o que quiser e bem entender. Aqui quem manda sou eu, não me venha mais com prepotências, porque aqui o senhor não corta árvore nenhuma. Aqui, não! – Deu as costas, voltou para o seu trabalho.

Numa tentativa de desfazer o clima desagradável, mamãe ainda quis argumentar e, delicadamente, disse:

– Se o senhor tem amor às suas pinturas, tzi Ró, eu tenho amor às minhas plantas, não acha?

Tzi Ró não achava nada. Nem quis ouvir o que ela dizia.

Furioso com a derrota, tornou a vestir o paletó, apanhou o serrote e saiu resmungando frases que ninguém entendeu.

Zélia Gattai. Mamãe vence a batalha. In: *Anarquistas, graças a Deus*. São Paulo: Cia. das Letras, 2009.

Roteiro de Leitura

Discurso direto e discurso indireto

O narrador, para apresentar a fala das personagens, pode servir-se basicamente de dois recursos:

Discurso direto – o narrador reproduz literalmente as palavras da personagem. Veja o exemplo a seguir, retirado do texto "Mamãe vence a batalha".

"Numa tentativa de desfazer o clima desagradável, mamãe ainda quis argumentar e, delicadamente, disse:
– **Se o senhor tem amor às suas pinturas, tzi Ró, eu tenho amor às minhas plantas, não acha?**"

Discurso indireto – o narrador transmite, com as próprias palavras, a fala da personagem. Observe este trecho do conto "O ascensorista", de Aníbal Machado.

"No auge da alegria, ninguém tem paciência para esperar elevador; todos se precipitam pelas escadas. São as pernas que reagem primeiro e começam a andar. Assim aconteceu ao Ferreira, o encerador. Desceu às carreiras desde o décimo segundo, e veio **contar-me** cá embaixo, quase sem fôlego, que recebeu a notícia de que lhe morrera um tio em Portugal, deixando-lhe enorme fortuna. Abraçou-me várias vezes, beijou-me na testa, **disse-me** que ia comprar uma quinta. **Perguntou** se eu não queria seguir com ele. **Disse-lhe** que era impossível: ia ficar por aqui mesmo, no meu ioiô, subindo e descendo gente..."

Aníbal Machado. *A morte da porta-estandarte*. Rio de Janeiro: José Olympio, 2010.

A diferença básica entre discurso direto e discurso indireto é a mudança de *emissor*. No discurso direto, o emissor da fala é a personagem, é ela quem profere as próprias palavras como alguém que se expressa autonomamente. No discurso indireto, o emissor é o narrador, que incorpora a fala da personagem ao próprio discurso. A opção por uma dessas formas depende do narrador, de acordo, evidentemente, com o contexto da narrativa e com a expressividade que se pretenda obter.

Verbos de elocução

Observe, na fala a seguir, o verbo destacado.

> "– Me desculpe, seu Roque – **gritou-lhe** mamãe, com toda a energia –, o senhor não vai serrar a goiabeira coisíssima nenhuma! Que mal essa planta lhe fez? Que mal ela faz a sua casa? Me responda, por favor!"

No exemplo, o narrador empregou o verbo *gritou* para caracterizar a ação da personagem que emitiu a fala. A personagem não somente disse. Ela, que se expressara gentilmente na primeira fala (– *Quais são as novidades, tzi Ró? – perguntou-lhe mamãe, gentil.*), mudou sua postura diante do que estava acontecendo. E o verbo *gritar* indica uma nova atitude na sua elocução. Nessa fala da personagem, há o uso de um verbo menos neutro que um simples *dizer* ou *perguntar*. Ele revela um modo de expressão mais intenso, tenso, enérgico.

No final do fragmento do texto, novamente a postura de expressão da personagem muda, desfazendo a tensão. Mais uma vez, o verbo é usado para se fazer essa indicação, agora auxiliada por um advérbio. Veja na fala a seguir.

> "Numa tentativa de desfazer o clima desagradável, mamãe ainda quis argumentar e, **delicadamente, disse:**
> – Se o senhor tem amor às suas pinturas, tzi Ró, eu tenho amor às minhas plantas, não acha?"

Esse tipo de verbo tratado aqui é denominado **verbo de elocução (ou *dicendi*)**.

Principais verbos de elocução:
- dizer (afirmar, declarar);
- perguntar (indagar, interrogar);
- responder (retrucar, replicar);
- contestar (negar, objetar);
- exclamar (gritar, bradar);
- pedir (solicitar, rogar);
- exortar (aconselhar);
- ordenar (mandar, determinar).

Além desses verbos de sentido geral, existem outros, mais específicos, e portanto mais caracterizadores da fala da personagem. Veja alguns: *sussurrar, murmurar, balbuciar, cochichar, segredar, esclarecer, sugerir, soluçar, comentar, propor, convidar, cumprimentar, repetir, estranhar, insistir, prosseguir, continuar, ajuntar, acrescentar, concordar, consentir, anuir, intervir, repetir, rosnar, berrar, protestar, contrapor, desculpar, justificar-se, suspirar, rir* etc.

Ao escrever, você deve selecionar o verbo de elocução que caracterize de forma mais precisa a fala da personagem.

Posição dos verbos de elocução

Os verbos de elocução são pontuados de acordo com sua posição.

- **1ª posição** – *antes da fala*, separa-se por dois pontos.

> "Numa tentativa de desfazer o clima desagradável, mamãe ainda quis argumentar e, delicadamente, **disse**:
> – Se o senhor tem amor às suas pinturas, tzi Ró, eu tenho amor às minhas plantas, não acha?"

- **2ª posição** – *depois da fala*, separa-se por travessão ou vírgula.

> "– Quais são as novidades, tzi Ró? – **perguntou-lhe** mamãe, gentil."
>
> "E pensaste em mais alguma coisa, leio-to na cara, **perguntou** o comandante"

- **3ª posição** – *no meio da fala*, separa-se por travessão ou vírgula.

> "– Me desculpe, seu Roque – **gritou-lhe mamãe, com toda a energia** –, o senhor não vai serrar a goiabeira coisíssima nenhuma!"
>
> "Que queres agora, **perguntou em voz rouca**, não me diga que tiveste outras ideias"

Em uma narrativa, nem sempre os verbos de elocução estão expressos. Costuma-se omiti-los principalmente em falas curtas.

Marcação e pontuação do discurso direto

No discurso direto, é muito comum a fala da personagem estar disposta em parágrafo e introduzida por travessão, como você viu no texto "Mamãe vence a batalha".

> "– As novidades? A novidade é que esta árvore vai dar o fora daí."

É bastante frequente, no entanto, a fala da personagem ser indicada por aspas. Veja isso neste texto de Marcelo Rubens Paiva.

Atriz

Ator e atriz discutem uma ideia para uma peça. Ela começa:

"Ele acorda todos os dias de manhã e pensa no quê? Hoje, vou encontrar a mulher da minha vida? Companheira, bonita, inteligente, divertida, fiel... É, porque, para um homem, ser fiel é das primeiras exigências, não é?

"Sei lá", ele responde.

"Já ela acorda de manhã e pensa: se vivemos no mundo da pressa e do desprendimento, da aventura e da distração, pra que compromisso? Viva os amores rápidos, inconsequentes, imediatos! Viva a paixão! Pra que começar algo que, você sabe, acaba em desrespeito, falta de sexo e, se bobear, violência?"

"Do que está falando? Você não me quer. Não quer ninguém."

"Estou falando de uma peça, da versão feminina de amor."

"Quer uma versão masculina? Você nunca se perguntou o que eu fazia na sua aula de teatro? Acordei um dia com um pressentimento: hoje, vou conhecer a mulher da minha vida! Me vesti, fui pra rua. Não fiz nada, não fiquei procurando. De repente, senti no ar um perfume, eu sabia, é agora, e uma mulher colocou a mão no meu ombro e pediu licença. Era você. Entrou na escola de teatro, e fiz o mesmo. Ficamos colegas, amigos. E desde então penso em você todos os dias. Prometi nunca mais falar com você. Mas, quando você liga, fico eufórico, mesmo quando liga chorando, reclamando de tudo. Não consigo te esquecer. Te amo. Te amo, te amo, te amo, te amo..."

"Não é verdade tudo isso, é?", ela pergunta.

"Claro que não. É uma peça."

"É verdade ou não é?"

"Não."

"É ou não é?"

"Não."

"É."

"Não é."

"Pode falar, é."

"Tô falando, não é."

"Eu sei que é."

"Não sabe, não."

"Sei, sim."

"Não sabe."

"Sei."

"Não sabe."

"Eu sei. Te conheço."

"Não conhece."

"Conheço, sim."

"Conhece nada."

"É verdade."

"Não é."

"É sim. O que você falou é verdade."

"É."

Marcelo Rubens Paiva. Atriz. In: *O homem que conhecia as mulheres*. Rio de Janeiro: Objetiva, 2007.

Embora essas duas formas de pontuar o discurso direto – travessão ou aspas – sejam aceitáveis, com predomínio da primeira, deve-se evitar, em um texto, misturar o emprego das duas possibilidades.

Mas há outras maneiras de registrar e organizar isso. Na narrativa moderna, há autores que utilizam outros recursos. Leia este trecho de um romance de José Saramago.

A viagem do elefante

"O comandante acordou meia hora depois, espreguiçou-se e bocejou, tornou a bocejar, tornou a espreguiçar-se, até que se sentiu efectivamente acordado para a vida. Mesmo assim teve de afirmar-se segunda vez para ver que o cornaca estava ali, Que queres agora, perguntou em voz rouca, não me diga que tiveste outras ideias, Saiba vossa senhoria que sim, Dize lá, Dividi os homens em dois grupos, que, de dois em dois quilômetros, alternadamente, passarão a ajudar os bois, quinze homens de cada vez a empurrar o carro, vai-se notar a diferença, Bem pensado, não há dúvida, vejo que o que trazes em cima dos ombros te serve para alguma coisa, quem vai ficar a ganhar são os meus cavalos, que poderão trotar de vez em quando, em lugar de irem naquela pasmaceira de passo de parada, Saiba vossa senhoria que também pensei nisso, E pensaste em mais alguma coisa, leio-to na cara, perguntou o comandante, Saiba vossa senhoria que sim, Vamos lá ver, A minha ideia é que deveríamos organizar-nos em função dos hábitos e necessidades do salomão, agora mesmo, repare vossa senhoria, está a dormir, se o acordássemos ficaria irritado e só nos daria trabalhos, **Mas como pode ele dormir, se está em pé, perguntou incrédulo o comandante, Às vezes deita-se para dormir, mas o normal é que o faça em pé, Creio que nunca entenderei os elefantes, Saiba vossa senhoria que eu vivo com eles quase desde que nasci e ainda não consegui entendê-los,** E isso por quê, Talvez porque o elefante seja muito mais que um elefante, Basta de conversa [...]"

José Saramago. *A viagem do elefante*. São Paulo: Companhia das Letras, 2008. p. 44-5.

Observe que, em lugar do travessão, a vírgula introduz a fala da personagem e que a fala não vem disposta em parágrafos. Para notar a divisão das falas de duas personagens que dialogam no trecho destacado, veja a representação a seguir.

P1: , Mas como pode ele dormir, se está em pé, perguntou incrédulo o comandante / **P2:** , Às vezes deita-se para dormir, mas o normal é que o faça em pé / **P1:** , Creio que nunca entenderei os elefantes

Utilização do discurso direto na produção de um texto

O discurso direto, desde que usado com moderação e propriedade, pode ser um excelente recurso de caracterização psicológica da personagem. Para isso, é necessário que o autor tenha dois cuidados básicos:

1. Seleção das falas mais significativas, isto é, as falas pertinentes ao conflito básico vivido pelas personagens. Não se deve ter a pretensão de retratar fielmente a realidade, relatando tudo o que as personagens poderiam ter dito.

2. Adequação do registro linguístico das falas, de acordo com o universo cultural das personagens, levando-se em conta as variedades linguísticas. Isso significa que a origem das personagens, seu grau de instrução, o ambiente cultural em que estão inseridas, como costumam conversar e o tipo de linguagem própria do local em que se encontram, tudo isso precisa estar refletido na construção das falas.

Produção de Texto — ESCREVA na FICHA

Escolha uma das propostas a seguir.

1. Crie uma história que apresente um tipo de conflito envolvendo uma das seguintes duplas de personagens. Reproduza as falas dessas personagens por meio do discurso direto ou indireto.

   a) pai – filho(a)
   b) amigo(a) – amigo(a)
   c) empregado – patrão
   d) namorado – namorada
   e) marido – mulher
   f) motorista – passageiro

2. Com base nas fotos a seguir, escreva uma pequena história. Reproduza nela algumas falas das personagens. Para isso, utilize o discurso direto ou o discurso indireto.

PARTE 1
Estrutura da narrativa

Capítulo 7 – Fala da personagem: discurso direto e discurso indireto

FICHA 7

Autor(a): _____

Ano: _____ Data: ____/____/____

Preparação

Para narrar a fala da personagem, use, de preferência, o discurso direto. Antes de começar a escrever sua história, organize alguns dados.

a) **Personagens:** quem são e como são?

_____
_____
_____

b) **Assunto:** qual é o assunto sobre o qual as personagens conversam?

_____
_____
_____

c) **Objetivo:** que conflito ou problema você pretende mostrar com essa história?

_____
_____
_____

d) **Ambiente:** onde se passa a história?

_____
_____
_____

Escrita

Ao reproduzir a fala da personagem, o narrador não deve ter a pretensão de retratar fielmente a realidade, isto é, escrever tudo aquilo que a personagem pode ou deve ter dito. O narrador, ao contrário, deve preocupar-se em selecionar as falas relacionadas ao conflito central da personagem. Num texto curto, como este que você vai compor, sugere-se também que as falas das personagens não sejam muito longas. Evite também usar somente verbos de elocução pouco expressivos, como **falar**, **dizer**, **perguntar**, **responder**...

Revisão

Releia o texto, observando se algumas falas das personagens podem ser omitidas, reduzidas ou alteradas. Como critério de seleção, lembre-se de que as falas devem estar relacionadas ao conflito central vivido por elas. Para organizar seu trabalho de revisão, guie-se pelo Roteiro de revisão e avaliação abaixo.

Roteiro de revisão e avaliação

A. Tipologia: a narrativa	☐	1. Seleciona ações, pensamentos, sentimentos e, sobretudo, falas coerentes com o conflito vivido pelas personagens? 2. Emprega adequadamente o discurso direto ou o discurso indireto?
B. Coerência	☐	Estabelece uma relação lógica entre os elementos do texto, mantendo-os interligados a um conflito central?
C. Coesão	☐	Emprega elementos linguísticos que dão continuidade ao texto, construindo frases claras com um vocabulário preciso?
D. Adequação à norma-padrão	☐	Demonstra domínio da norma-padrão, respeitando as convenções da escrita (ortografia/acentuação) e as normas gramaticais (pontuação, concordância, regência, colocação)?
E. Edição do texto	☐	Escreve com legibilidade, uniformidade de margens e ausência de rasuras?
Total	☐	

Comentários do leitor (professor e/ou colega)

_____
_____
_____
_____
_____
_____
_____
_____

Reescrita e edição final

Na página seguinte, reescreva o seu texto para ser apresentado ao leitor (professor e/ou colega).

Com base no Roteiro de revisão e avaliação e nos comentários de quem leu seu texto, reescreva-o e poste-o no *site*: www.editoraibep.com.br/oficinadeescritores.

PARTE 1
Estrutura da narrativa

Capítulo 7 – Fala da personagem: discurso direto e discurso indireto

FICHA 7

Autor(a): _____

Ano: _____ Data: ____/____/____

89

	Peso	Nota
A. Tipologia: narrativa	0 a 2,5	
B. Coerência	0 a 2,5	
C. Coesão	0 a 2,5	
D. Adequação à norma-padrão	0 a 2,5	
Total		

Comentários:

PARTE 1
Estrutura da narrativa

CAPÍTULO 8 — Discurso indireto livre

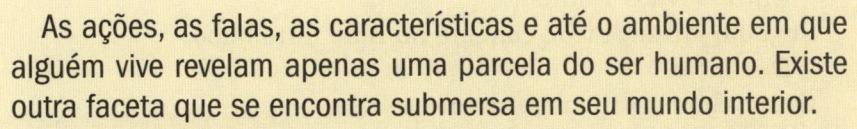

As ações, as falas, as características e até o ambiente em que alguém vive revelam apenas uma parcela do ser humano. Existe outra faceta que se encontra submersa em seu mundo interior.

Numa história, no entanto, o narrador tem o poder de realizar um mergulho no mundo interior da personagem. Desse modo, revela para o leitor pensamentos e sentimentos por meio de uma fala interior que traduz a consciência dela. Um recurso narrativo para realizar esse mergulho é o discurso indireto livre, por meio do qual o leitor conhece a personagem "por dentro".

Observe a presença desse recurso no texto a seguir.

TEXTO – Conto (fragmento)

O aventureiro Ulisses
(Ulisses Serapião Rodrigues)

Ainda tinha duzentos réis. E como eram sua única fortuna meteu a mão no bolso e segurou a moeda. Ficou com ela na mão fechada.

Neste instante estava na Avenida Celso Garcia. E sentia no peito todo o frio da manhã. Duzentão. Quer dizer: dois sorvetes de casquinha. Pouco.

Ah! Muito sofre quem padece. Muito sofre quem padece? É uma canção de Sorocaba. Não. Não. Não é. Então que é? Mui-to so-fre quem pa-de-ce. Alguém dizia isto sempre. Etelvina? Seu Cosme? Com certeza Etelvina que vivia amando toda a gente. Até ele. Sujeitinha impossível. Só vendo o jeito de olhar dela.

Bobagens. O melhor é ir andando. Foi.

Pé no chão é bom só na roça. Na cidade é uma porcaria. Toda a gente estranha. É verdade. Agora é que ele reparava direito: ninguém andava descalço. Sentiu um mal-estar horrível. As mãos a gente ainda escondia nos bolsos. Mas os pés? Coisa horrorosa. Desafogou a cintura. Puxou as calças para baixo. Encolheu os artelhos. Deu dez passos assim. Pipocas. Não dava jeito mesmo. Pipocas. A gente da cidade que vá bugiar no inferno. Ajustou a cintura. Levantou as calças acima dos tornozelos. Acintosamente. E muito vermelho foi jogando os pés na calçada. Andando duro como se estivesse calçado.

— Estado! Comércio! A Folha!
Sem querer procurou o vendedor. Olhou de um lado. Olhou de outro.
— Fanfula! A Folha!
Virou-se.
— Estado, Comércio!
Olhou para cima. Olhou longe. Olhou perto.
Diacho. Parece impossível.
— São Paulo-Jornal!
Quase derrubou o homem na esquina. O italiano perguntou logo:
— Qual é?
Atrapalhou-se todo:
— Eu não sei não senhor.
— Então leva O Estado!
Pegou o jornal. Ficou com ele na mão feito bobo.
— Duzentos!

Quase chorou. O homem arrancou-lhe a moeda dos dedos que tremiam. E ele continuou a andar. Com o jornal debaixo do braço. Mas sua vontade era voltar, chamar o homem, devolver o jornal, readquirir o duzentão. Mas não podia. Por que não podia? Não sabia. Continuou andando. Mas sua vontade era voltar. Mas não podia. Não podia. Não podia. Continuou andando.

Que remédio senão se conformar? Não tomava sorvete. Dois sorvetes. Dois. Mas tinha O Estado.

O Estado de S. Paulo. Pois é. O jornal ficava com ele.

Mas para quê, meu Espírito Santo? Engoliu um soluço e sentiu vergonha.

Nesse instante já estava em frente do Instituto Disciplinar.

Abaixou-se. Catou uma pedra. Pá! Na árvore. Bem no meio do tronco. Catou outra. Pá! No cachorro. Bem no meio da barriga. Direção assim nem a do Cabo Zulmiro. Ficou muito, mas muito contente consigo mesmo. Cabra bom. E isso não era nada. Há dois anos na Fazenda Sinhá-Moça depois de cinco pedradas certeiras o doutor delegado (o que bebia, coitado) lhe disse: Desse jeito você poderá fazer bonito até no estrangeiro!

Êta topada. A gente vai assim pensando em cousas e nem repara onde mete o pé. É topada na certa. Eh! Eh! Topada certeira também. Puxa. Tudo certeiro.

Agora não é nada mal descansar aqui à sombra do muro.

O automóvel passou com poeira atrás. Diabo. Pegou num pauzinho e desenhou um quadrado no chão vermelho. Depois escreveu dentro do quadro em diagonal: SAUDADE-1927. Desmanchou tudo com o pé. Traçou um círculo. Dentro do círculo outro menor. Mais outro. Outro. Ainda outro bem pequetitito. Ainda outro: um pontinho só. Não achou mais jeito. Ficou pensando, pensando, pensando. Com a ponta do cavaco furando o pontinho. Deu um risco nervoso cortando os círculos e escreveu fora deles sem levantar a ponta: FIM. Só que escreveu com n. E afundou numa tristeza sem conta.

Antônio de Alcântara Machado. O aventureiro Ulisses. In: *Novelas paulistanas*.
Rio de Janeiro: José Olympio, 1973.

Roteiro de Leitura

Você já conhece duas possibilidades de que o narrador dispõe para apresentar a fala da personagem: discurso direto e discurso indireto.

Vamos conhecer uma terceira possibilidade: o **discurso indireto livre.**

A fala da personagem

Para relatar os fatos do texto "O aventureiro Ulisses", o narrador acompanha a personagem sob duas perspectivas:

A 1ª perspectiva focaliza:	A 2ª perspectiva focaliza:
ações características ambiente sentimentos **da personagem**	consciência (fala interior) **da personagem**

No trecho abaixo, extraído do texto lido, é possível observar a presença dessas duas perspectivas:

Primeira perspectiva

> "Desafogou a cintura. Puxou as calças para baixo. Encolheu os artelhos. Deu dez passos assim. [...] Ajustou a cintura. Levantou as calças acima dos tornozelos."

Na primeira perspectiva, pode-se afirmar que o narrador delineia o que está no exterior da personagem.

Segunda perspectiva

> "Pipocas. Não dava jeito mesmo. Pipocas. A gente da cidade que vá bugiar no inferno."

Ao assumir a segunda perspectiva, o narrador se desloca para dentro da personagem, buscando comunicar o interior dela.

Quando a voz interior da personagem se mistura com a voz do narrador, dizemos, então, que se trata de discurso indireto livre. Neste, não há uma demarcação objetiva das vozes da personagem e do narrador, que se entrelaçam sem clara delimitação.

Emprego do discurso indireto livre

Emprega-se o discurso indireto livre para transmitir a fala interior da personagem. São fundamentais três condições para que ele ocorra:

1. foco narrativo em 3ª pessoa;

2. o narrador deve focalizar a consciência da personagem;

3. devem ser omitidos os verbos de elocução (Ele pensou: ... / Ela contou que...).

Como exemplo, veja três possibilidades de reprodução da fala da personagem:

Primeira possibilidade

> E ele continuou a andar. Com o jornal debaixo do braço. Mas disse para si mesmo:
> — Minha vontade era voltar, chamar o homem, devolver o jornal, readquirir o duzentão.

Nessa primeira possibilidade, a personagem fala sem interferência no narrador. Foi usado o **discurso direto**.

Segunda possibilidade

> E ele continuou a andar. Com o jornal debaixo do braço. Mas disse para si mesmo que sua vontade era voltar, chamar o homem, devolver o jornal, readquirir o duzentão.

Nessa segunda possibilidade, o narrador, em lugar de apresentar a fala livre da personagem, diz, com suas próprias palavras, o que estava no interior dela. Denomina-se **discurso indireto**.

Terceira possibilidade

> "E ele continuou a andar. Com o jornal debaixo do braço. Mas sua vontade era voltar, chamar o homem, devolver o jornal, readquirir o duzentão."

Essa terceira possibilidade pode ser considerada, quanto à estrutura, idêntica ao discurso indireto, com a omissão, porém, do verbo de elocução (disse que). Foi então utilizado o **discurso indireto livre**.

Perspectivas do narrador na construção do discurso indireto livre

Na introdução do discurso indireto livre, ocorre uma alteração de perspectiva do narrador.

Em um primeiro momento, o narrador capta a personagem utilizando seu ângulo de onisciência em relação aos fatos, ao ambiente e ao tempo. Nesse sentido, o texto é produto da visão que o narrador possui da personagem, que se apresenta como objeto de análise e observação.

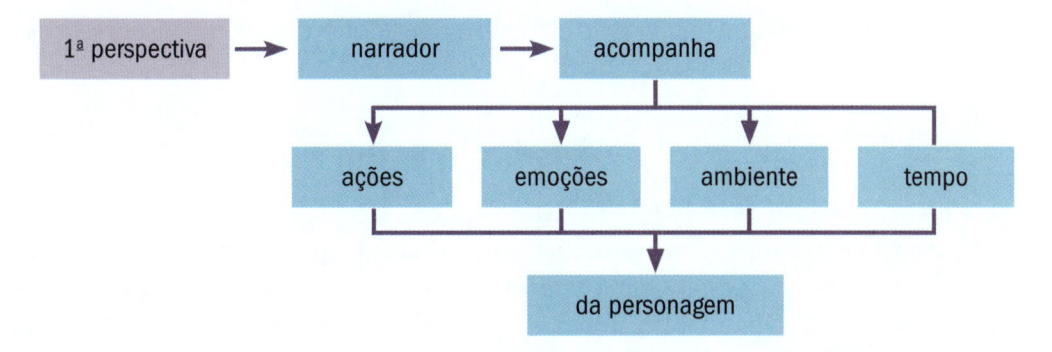

```
1ª perspectiva → narrador → acompanha
                                ↓
        ações    emoções    ambiente    tempo
                      ↓
                da personagem
```

Tendo-se aproximado do mundo interior da personagem, o narrador foca seu ângulo de onisciência, transmitindo seus pensamentos, seus desejos e suas emoções. Nessa segunda perspectiva, o narrador continua falando no texto – a partir da consciência da personagem. Para transmitir a voz interior da personagem, emprega-se o **discurso indireto livre**.

```
2ª perspectiva → narrador → acompanha
                                ↓
                    a consciência da personagem
```

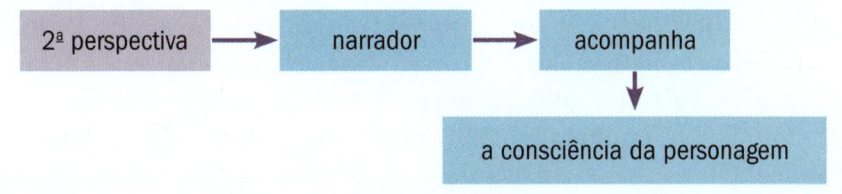

Observe esse processo no texto a seguir.

[A] 1ª perspectiva – O narrador capta a personagem, utilizando seu ângulo de onisciência em relação aos fatos, ao ambiente, ao tempo e às emoções.

[B] 2ª perspectiva – O narrador transmite a consciência da personagem, utilizando o discurso indireto livre.

Você não acha que esfriou?

"**[A]** Ela foi desprendendo a mão que ele segurava e virou-se para a parede.
[B] Uma parede branca, nenhum quadro, nenhum furo, nada. Se houvesse um furo, entraria nele, ô Deus! se pudesse se esconder num buraco, sumir. Não se ver nunca mais assim nua com ele também nu, olhando o teto e fumando. **[A]** Ela ficava às vezes desse jeito mas olhando para dentro de si mesma, e em geral não gostava do que via.
– Daqui para onde você vai? – ele perguntou.
[A] Ela se cobriu com o lençol. **[B]** Se pudesse ir diminuindo, diminuindo até entrar nesse furo (devia existir um) e lá ficar sem ser vista – agora, pelo menos."

Lygia Fagundes Telles. Você não acha que esfriou?
In: *A noite escura e mais eu*. São Paulo: Cia. das Letras, 2009.

Ao aceitar o foco da consciência da personagem, o narrador assume também o ritmo que essa consciência imprime. Então:

- desaparece o espaço físico e surge um espaço criado pelo mundo interior da personagem; o buraco deixa de ser só um buraco na parede, mas se transforma no desejo de lá estar por parte da personagem;
- o tempo cronológico cede lugar ao tempo psicológico, capaz de saltar sem qualquer lógica do presente para o passado ou o futuro.

O narrador, no entanto, não abandona totalmente a personagem nessa nova relação que se estabelece com o tempo e o ambiente físico. Ele continua a acompanhá-la.

1. Nos trechos a seguir, grife as passagens em que o narrador empregou o discurso indireto livre.

a)

A estrela sobe

"Não conseguiu dormir. Ouviu bater todas as horas, em todos os desencontrados relógios da vizinhança, na pequena e seca sineta do quartel. Como era difícil viver! Como Oliveira era cruel! Como o mundo era cruel! Como tudo era sujo, insignificante, atroz... E Oliveira tinha razão. O que lhe doía mais era que Oliveira tinha razão. Ele, que tão ruim quanto ela, tão pecador quanto ela, é que tinha razão! Como caíra! Como era frágil a sua vontade, como era fraco o seu corpo... Precisava subir e por isso se entregava à toa, como coisa morta e sem ânimo. Dulce jogava com ela da maneira que queria. Não tinha forças para reagir. Temia perder o pé, cortar a sua subida.

E sentia que precisava ter coragem, reagir, libertar-se de Dulce, mesmo que fosse uma vitória fictícia, uma vitória fictícia como todas as suas vitórias, mesmo que fosse para cair logo, depois, porque ela pressentia que cairia logo depois! Mas como? Como? E o fim do mês? Onde conseguiria dinheiro? Mas precisava romper com Dulce. Oliveira... A cabeça doía. Quatro horas! Levantou-se cautelosa para não acordar a mãe. Dona Manuela, com as mãos cruzadas sobre o peito, tinha a posição dos mortos. Mas roncava pesadamente."

Marques Rebelo. *A estrela sobe*. Rio de Janeiro: Nova Fronteira, 2001.

b)

Leão de chácara

"Da porta do botequim, o sujeito se chega para as beiradas do balcão. Encosta-se ao mármore, fica olhando para os baixos da cafeteira onde a imundície meio marrom, meio preta, vai encardindo azulejos. O calor está dando nos nervos, as moscas numa agitação embirrada.

– Me dá um chopinho.

O moleque dá uma ginga, vai catar o copo.

Engole de uma, duas talagadas. Deixa o pensamento zanzar numas coisas, os dedos virando o copo gelado. É. O que esculhamba a vida da gente são as prestações.

– Queria um tira-gosto, tem?

O torresmo. Mascou, bebeu, pagou. Saiu.

Cada vez mais quieto vai à praça, e no meio do povo, se enfia para a barca de Niterói. Sente as notas no bolso, um aborrecimento. Necessário se espremer como um sabido, não gastar mais de vinte mil com o presente das cunhadas. Também, a mulher não o devia aporrinhar com aquelas ocupações domésticas. Diacho. A mulher bem poderia ter comprado os presentes para as irmãs, dado logo um tiro naquilo. Ele, não. Não entendia dessa coisa de presentes. E o pior seria quando começasse o mês, no comecinho de novo ano, a mensalidade da geladeira e do liquidificador. Que ele nunca sabia a quantas andava... Amassou o cigarro e os olhos baixaram."

João Antônio. *Leão de chácara*. São Paulo: Cosac Naify, 2012.

2. Leia o texto a seguir.

Angústia

"Durante o dia passava muitas vezes pela porta de Marina, desejando reconciliar-me com ela. Faltava-me coragem, a vergonha baixava-me o rosto, esquentava-me as orelhas.

Que me importava que Marina fosse de outro? As mulheres não são de ninguém, não têm dono. Sinhá Germana fora de Trajano Pereira de Aquino Cavalcante e Silva, só dele, mas há que tempo!"

Graciliano Ramos. *Angústia*. Rio de Janeiro: Record, 2011.

- Esse texto, narrado em 1ª pessoa pelo narrador-personagem Luís da Silva, constitui, na verdade, um monólogo. Mas há a possibilidade de emprego do discurso indireto livre. Para que isso ocorra, deve-se mudar o foco narrativo para a 3ª pessoa. Faça isso, e você obterá no segundo parágrafo do texto o discurso indireto livre.

Produção de Texto

Escolha uma das propostas a seguir.

1. Utilizando o discurso indireto livre, crie um texto narrativo em que a personagem principal se encontre em uma das seguintes situações:

   a) momentos antes da prova do Enem ou do vestibular;

   b) sofreu um acidente e, quando chega ao hospital, falta médico para atendê-la;

   c) depois de uma discussão com o(a) namorado(a);

   d) ao ser despedida do emprego;

   e) ao perceber um perigo iminente;

   f) o jogador momentos antes da grande decisão;

   g) o morador de uma área invadida no momento da reintegração de posse;

   h) o réu durante o julgamento;

   i) a moça ao saber que está grávida;

   j) não consegue ingresso para o *show* do artista de que mais gosta;

   k) o candidato procurando o nome na lista de aprovados.

2. Observe atentamente as imagens a seguir. Com base nos elementos oferecidos por elas, escreva um texto narrativo. Para produzi-lo, siga as instruções abaixo.

- determine o conflito que a personagem está vivendo;

- empregue o foco narrativo em 3ª pessoa;

- use o discurso indireto livre para expressar a voz interior da personagem.

98

PARTE 1
Estrutura da narrativa — Capítulo 8 – Discurso indireto livre

FICHA 8

Autor(a): _____

Ano: _____ Data: ____/____/____

Preparação

Antes de começar a escrever sua história, construa:

a) **Personagens:** características físicas e psicológicas.

_____
_____
_____
_____

b) **Conflito:** o problema central que a personagem está vivendo.

_____
_____
_____

c) **Ambiente:** selecione aspectos do ambiente relacionados ao conflito da personagem.

_____
_____
_____
_____

Escrita

Neste texto, você deverá reproduzir a voz interior da personagem utilizando o discurso indireto livre. Para isso, empregue o foco narrativo em 3ª pessoa e determine o conflito que a personagem está vivendo. Inicie o texto focalizando algumas ações da personagem. A seguir, aproxime-se mais dela: informe seu estado exterior e interior, descreva aspectos físicos que sejam significativos. A personagem pode dizer também alguma coisa em voz alta. Não tenha pressa em dizer tudo para o leitor. Penetre no interior da personagem, revele seu pensamento, sua fala interior.

Revisão

Na revisão de seu texto, observe atentamente os seguintes itens, verificando se:

1. o narrador focaliza a voz interior da personagem, transmitindo-a por meio do discurso indireto livre;
2. falas, sentimentos, ações e características da personagem estão relacionados a um conflito vivido por ela;
3. os elementos que compõem o ambiente foram selecionados de acordo com o estado interior da personagem.

Para organizar seu trabalho de revisão, guie-se pelo Roteiro de revisão e avaliação abaixo.

Roteiro de revisão e avaliação

A. Tipologia: a narrativa	☐	Emprega adequadamente o discurso indireto livre para transmitir a voz interior da personagem?
B. Coerência	☐	Estabelece uma relação lógica entre os elementos do texto, mantendo-os interligados a um conflito central?
C. Coesão	☐	Emprega elementos linguísticos que dão continuidade ao texto, construindo frases claras com um vocabulário preciso?
D. Adequação à norma-padrão	☐	Demonstra domínio da norma-padrão, respeitando as convenções da escrita (ortografia/acentuação) e as normas gramaticais (pontuação, concordância, regência, colocação)?
E. Edição do texto	☐	Escreve com legibilidade, uniformidade de margens e ausência de rasuras?
Total	☐	

Comentários do leitor (professor e/ou colega)

_____
_____
_____
_____
_____
_____
_____

Reescrita e edição final

Na página seguinte, reescreva o seu texto para ser apresentado ao leitor (professor e/ou colega).

Com base no Roteiro de revisão e avaliação e nos comentários de quem leu seu texto, reescreva-o e poste-o no *site*: www.editoraibep.com.br/oficinadeescritores.

PARTE 1

Estrutura da narrativa — Capítulo 8 – Discurso indireto livre

FICHA 8

Autor(a): _____

Ano: _____   Data: ____/____/____

	Peso	Nota
A. Tipologia: narrativa	0 a 2,5	
B. Coerência	0 a 2,5	
C. Coesão	0 a 2,5	
D. Adequação à norma-padrão	0 a 2,5	
Total		

Comentários:

PARTE 1
Estrutura da narrativa

CAPÍTULO 9

Descrição da personagem

A descrição não tem por finalidade apresentar todos os detalhes que compõem a personagem, mas objetiva fundamentalmente transmitir ao leitor uma determinada impressão a respeito dela.

Por meio da descrição, o narrador seleciona traços marcantes que caracterizam a personagem, fazendo o leitor acreditar que ela existe de verdade, ainda que no contexto da história.

Observe como se dá esse processo de descrição de personagens nos textos a seguir.

TEXTO 1 – Romance (fragmento)

Jerônimo era alto, espadaúdo, construção de touro, pescoço de Hércules, punho de quebrar um coco com um murro: era a força tranquila, o pulso de chumbo. O outro [Firmo], franzino, um palmo mais baixo que o português, pernas e braços secos, agilidade de maracajá: era a força nervosa; era o arrebatamento que tudo desbarata no sobressalto do primeiro instante. Um, sólido e resistente; o outro, ligeiro e destemido, mas ambos corajosos.

Aluísio Azevedo. *O cortiço*. São Paulo: Companhia Editora Nacional, 2004.

TEXTO 2 – Conto (fragmento)

Minha gente

Maria Irma escutou-me, séria. A boquinha era quase linear; os olhos tinham fundo, fogo, luz e mistério, e tonteava-me ainda mais o negrume encapelado dos cabelos. Quando eu ia repetir o meu amor pela terceira vez, ela, com voz tênue como cascata: orvalho, de folha em flor e flor em folha, respondeu-me:

– Em todos os outros que me disseram isso, eu acreditei... Só em você é que eu não posso, não consigo acreditar...

João Guimarães Rosa. Minha gente. In: *Sagarana*. Rio de Janeiro: Nova Fronteira, 2001.

Roteiro de Leitura

Texto 1

Nesse texto, extraído do romance *O cortiço*, Aluísio Azevedo selecionou determinados detalhes das personagens suficientes para caracterizar e sugerir ao leitor a força bruta de Jerônimo e a agilidade de Firmo. As demais características físicas que compõem essas personagens (olhos, rosto, cabelo, peito, pernas etc.) são articuladas pela imaginação do leitor. Podemos dizer que o autor, diante da realidade física ou psicológica que é descrita, coloca apenas as peças fundamentais de um quebra-cabeça, deixando as demais para serem preenchidas pela imaginação do leitor.

Texto 2

A descrição constitui um excelente recurso a ser utilizado em um texto narrativo. Podemos dizer, inclusive, que ela será a responsável pela vitalidade e expressividade da narrativa. Ela consegue criar toda a atmosfera dramática e afetiva do texto e é por meio dela que o narrador penetra na alma da personagem. Observe, nesse recorte do texto, a presença da descrição na narrativa.

O texto perderá toda a atmosfera psicológica se omitirmos os trechos descritivos. Veja:

> "Maria Irma escutou-me. Quando eu ia repetir o meu amor pela terceira vez, ela respondeu-me:
> — Em todos os outros que me disseram isso, eu acreditei... Só em você é que eu não posso, não consigo acreditar..."

1. Apresentamos, a seguir, alguns trechos descritivos. Com base nos aspectos selecionados pelo autor, informe a impressão predominante que cada um deles transmite:

1. beleza
2. sensualidade
3. ironia
4. introspecção
5. bisbilhotice

a)
"Mas a repolhuda moça não se conformava com aquela desgraça. Vivia triste. As banhas cresciam-lhe cada vez mais; estava vermelha; cansava por cinco passos. Era um desgosto sério! Recorria a vinagre; dava-se a longos exercícios pela varanda; mas qual! – as enxúndias aumentavam sempre. Lindoca estava cada vez mais redonda, mais boleada; estremecia cada vez mais com o seu peso; os olhos desapareciam-lhe na abundância das bochechas; o seu nariz parecia um lombinho; as suas costas, uma almofada. Bufava."

Aluísio Azevedo. *O mulato*. São Paulo: Ática, 2005.

b)
"Olívia era atraente, tinha uns olhos quentes, uma boca vermelha de lábios cheios."

Érico Veríssimo. *Olhai os lírios do campo*. São Paulo: Cia. das Letras, 2005.

c)
"Chegando à rua, arrependi-me de ter saído. A baronesa era uma das pessoas que mais desconfiavam de nós. Cinquenta e cinco anos, que pareciam quarenta, macia, risonha, vestígios de beleza, porte elegante e maneiras finas. Não falava muito nem sempre; possuía a grande arte de escutar os outros, espiando-os; reclinava-se então na cadeira, desembainhava um olhar afiado e comprido, e deixava-se estar. Os outros, não sabendo o que era, falavam, olhavam, gesticulavam, ao tempo que ela olhava só, ora fixa, ora móbil, levando a astúcia ao ponto de olhar às vezes para dentro de si, porque deixava cair as pálpebras; mas, como as pestanas eram rótulas, o olhar continuava o seu ofício, remexendo a alma e a vida dos outros."

Machado de Assis. *Memórias póstumas de Brás Cubas*. Cotia: Ateliê, 2012.

d)
"Pedro estava no apogeu de sua virilidade, era de boa estatura, peito forte, bem-proporcionado, de nobre estampa, nariz proeminente, queixo autoritário e olhos azuis, muito expressivos. Já nesse tempo usava o cabelo para trás, preso num curto rabo-de-cavalo na nuca, as bochechas raspadas, o bigode engomado e a barbinha estreita que o caracterizou toda a vida. Vestia-se com elegância, empregava gestos categóricos, era de fala pausada e impunha respeito, mas também podia ser galante e terno. Marina se perguntava, admirada, por que esse homem de grande orgulho e elegância havia se fixado nela."

Isabel Allende. *Inês da minha alma*. Rio de Janeiro: Bertrand Brasil, 2008.

e)
"Tinha quinze anos e não era bonita. Mas por dentro da magreza, a vastidão quase majestosa em que se movia como dentro de uma meditação. E dentro da nebulosidade algo precioso. Que não se espreguiçava, não se comprometia, não se contaminava. Que era intenso como uma joia. Ela."

Clarice Lispector. *Laços de família*. Rio de Janeiro: Rocco, 1998.

Produção de Texto

ESCREVA na FICHA

Escolha uma das propostas abaixo.

1. Crie uma personagem com base em uma das fotos a seguir e faça a descrição dela.

2. Descreva:

a) uma personagem nervosa;

b) uma personagem fofoqueira;

c) uma personagem tímida;

d) uma personagem comunicativa.

Escolha uma delas para ser a protagonista e escreva um texto inserindo-a em um conflito com outra dessas personagens.

PARTE 1
Estrutura da narrativa — Capítulo 9 – Descrição da personagem

FICHA 9

Autor(a): _____

Ano: _____ Data: ____/____/____

Preparação

Antes de começar a escrever seu texto, procure "ver" cada personagem e organizá-la em sua imaginação. Para isso, baseie-se em três perspectivas:

a) **Ações frequentes:** o que a personagem faz sempre?

_____
_____
_____

b) **Características físicas:** como é a personagem fisicamente?

_____
_____
_____
_____
_____

c) **Características psicológicas:** como é a personagem interiormente?

_____
_____
_____

As características e as ações frequentes devem ser selecionadas de acordo com a impressão predominante que o texto pretende sugerir.

Impressão predominante

_____
_____
_____

Escrita

Ao descrever a personagem, sua preocupação não deve ser esgotar todas as características dela. Isso é impossível. Você deve selecionar as características mais importantes, em função da impressão predominante a ser sugerida ao leitor.

Revisão

Na revisão do texto, observe se as características foram selecionadas de acordo com a impressão predominante que o texto pretende sugerir da personagem descrita. Para organizar seu trabalho de revisão, guie-se pelo Roteiro de revisão e avaliação abaixo.

Roteiro de revisão e avaliação

A. Tipologia: a narrativa	☐	Seleciona características e ações frequentes de acordo com a impressão predominante da personagem descrita no texto?
B. Coerência	☐	Estabelece uma relação lógica entre os elementos do texto, mantendo-os interligados a um conflito central?
C. Coesão	☐	Emprega elementos linguísticos que dão continuidade ao texto, construindo frases claras com um vocabulário preciso?
D. Adequação à norma-padrão	☐	Demonstra domínio da norma-padrão, respeitando as convenções da escrita (ortografia/acentuação) e as normas gramaticais (pontuação, concordância, regência, colocação)?
E. Edição do texto	☐	Escreve com legibilidade, uniformidade de margens e ausência de rasuras?
Total	☐	

Comentários do leitor (professor e/ou colega)

_____
_____
_____
_____
_____
_____
_____
_____
_____
_____

Reescrita e edição final

Na página seguinte, reescreva o seu texto para ser apresentado ao leitor (professor e/ou colega).

Com base no Roteiro de revisão e avaliação e nos comentários de quem leu seu texto, reescreva-o e poste-o no site: www.editoraibep.com.br/oficinadeescritores.

PARTE 1

Estrutura da narrativa — Capítulo 9 – Descrição da personagem

FICHA 9

Autor(a): _____

Ano: _____   Data: ____/____/____

	Peso	Nota
A. Tipologia: narrativa	0 a 2,5	
B. Coerência	0 a 2,5	
C. Coesão	0 a 2,5	
D. Adequação à norma-padrão	0 a 2,5	
Total		

Comentários:

PARTE 1
Estrutura da narrativa

CAPÍTULO 10
Descrição do ambiente

Em um texto narrativo, o ambiente não tem apenas a função de mostrar o espaço físico em que se desenvolve a história, mas pode ser também a projeção do estado emotivo da personagem. Por esse motivo, o autor deve preocupar-se em selecionar os aspectos da realidade que estejam em consonância ou oposição ao conflito vivido pela personagem e que serão responsáveis pela criação da atmosfera dramática do texto.

Na linguagem cinematográfica, a sonoplastia, como elemento mediador entre o espectador e a personagem, intensifica o clima dramático. No texto narrativo, a descrição exerce esse papel, apresentando o ambiente articulado com o estado emotivo da personagem.

Observe como se opera essa articulação do ambiente com a personagem nos textos que se seguirão.

TEXTO 1 – Conto (fragmento)

Sarapalha

[...]
Ir para onde?... Não importa, para a frente é que a gente vai!... Mas, depois. Agora é sentar nas folhas secas, e aguentar. O começo do acesso é bom, é gostoso: é a única coisa boa que a vida tem. Para, para tremer. E para pensar. Também.

Estremecem, amarelas, as flores da aroeira. Há um frêmito nos caules rosados da erva-de-sapo. A erva-de-anum crispa as folhas, longas, como folhas de mangueira. Trepidam, sacudindo as suas estrelinhas alaranjadas, os ramos da vassourinha. Tirita a mamona, de folhas peludas, como o corselete de um caçununga, brilhando em verde-azul. A pitangueira se abala, do jarrete à grimpa. E o açoita-cavalos derruba frutinhas fendilhadas, entrando em convulsões.

— Mas, meu Deus, como isto é bonito! Que lugar bonito p'ra gente deitar no chão e se acabar!...

E o mato, todo enfeitado, tremendo também com a sezão.
[...]

João Guimarães Rosa. Sarapalha. In: *Sagarana*. Rio de Janeiro: Nova Fronteira, 2001.

TEXTO 2 – Conto (fragmento)

Um pobre-diabo

[...]

A chaminé da fábrica elevava-se a distância. Anúncios verdes, vermelhos, acendiam-se e apagavam-se. O letreiro de um jornal reluzia em frente, num quinto andar. Àquela hora o elevador enchia-se, tipos suados, de roupas frouxas, entravam e saíam. Os ônibus e os bondes moviam-se devagar, como formigas...

[...]

Graciliano Ramos. Um pobre-diabo. In: *Insônia*. São Paulo: Martins Fontes, 1971.

Releitura do texto

No **texto 1**, a apresentação do ambiente, além de situar o lugar da ação, projeta o estado emotivo da personagem, intensificando o clima dramático da narrativa. No quadro a seguir, observe a relação ambiente/personagem.

Personagem	"Ir para onde?... Não importa, para a frente é que a gente vai!... Mas, depois. Agora é sentar nas folhas secas, e aguentar. O começo do acesso é bom, é gostoso: é a única coisa boa que a vida tem. Para, para tremer. E para pensar. Também."
Ambiente	"Estremecem, amarelas, as flores da aroeira. Há um frêmito nos caules rosados da erva-de-sapo. A erva-de-anum crispa as folhas, como folhas de mangueira. Trepidam, sacudindo as suas estrelinhas alaranjadas, os ramos da vassourinha. Tirita a mamona, de folhas peludas, como o corselete de um caçununga, brilhando em verde-azul. A pitangueira se abala, do jarrete à grimpa. E o açoita-cavalos derruba frutinhas fendilhadas, entrando em convulsões."
Personagem	"– Mas, meu Deus, como isto é bonito! Que lugar bonito p'ra gente deitar no chão e se acabar!..."
Ambiente	"E o mato, todo enfeitado, tremendo também com a sezão."

A descrição do ambiente em um texto narrativo constitui um detalhamento de um espaço relacionado com a personagem. Por meio desse recurso, o narrador apresenta aspectos da realidade física ou características psicológicas dessa personagem. Ele se comporta como uma espécie de fotógrafo, buscando detalhes que possam, em seu conjunto, compor a atmosfera psicológica e emotiva do texto.

No **texto 2**, o narrador capta um conjunto de detalhes simultâneos da realidade. Usando orações predominantemente coordenadas, cada frase revela um aspecto em particular.

Observe a decomposição do texto:

Frase	Detalhes da realidade
1	"A chaminé da fábrica elevava-se a distância."
2	"Anúncios verdes, vermelhos, acendiam-se e apagavam-se."
3	"O letreiro de um jornal reluzia em frente, num quinto andar."
4	"Àquela hora o elevador enchia-se, tipos suados, de roupas frouxas, entravam e saíam."
5	"Os ônibus e os bondes moviam-se devagar, como formigas..."

Produção de Texto

ESCREVA na FICHA

Proposta 1

Escolha um dos eventos a seguir e faça uma descrição.

a) um desfile de escola de samba;

b) um *show* de *rock*;

c) o instante do gol em um estádio de futebol lotado;

d) o momento da largada em uma corrida de automóveis;

e) um terremoto.

Antes de começar a descrever o ambiente escolhido, defina a impressão que seu texto deve transmitir e, em função dela, selecione aspectos desse lugar.

Proposta 2

Observe a imagem da tela *O grito*, do artista norueguês Edvard Munch. Depois, siga o roteiro abaixo:

a) Produza uma descrição do ambiente retratado na pintura. Considere os traços e as cores presentes na tela, que é uma das obras mais importantes do Expressionismo.

b) Em seguida, faça uma descrição da pessoa que aparece em primeiro plano, considerando sua aparência física e emocional.

c) Escreva um texto narrativo-descritivo que terá como base o que você produziu nos itens **a** e **b**. Em seu texto, faça uma relação do estado psicológico da personagem principal com o ambiente em que ela se encontra, mostrando como eles se interligam. Observe que, na tela, há mais de uma pessoa.

Não se esqueça de que você poderá usar o foco narrativo em 1ª ou em 3ª pessoa.

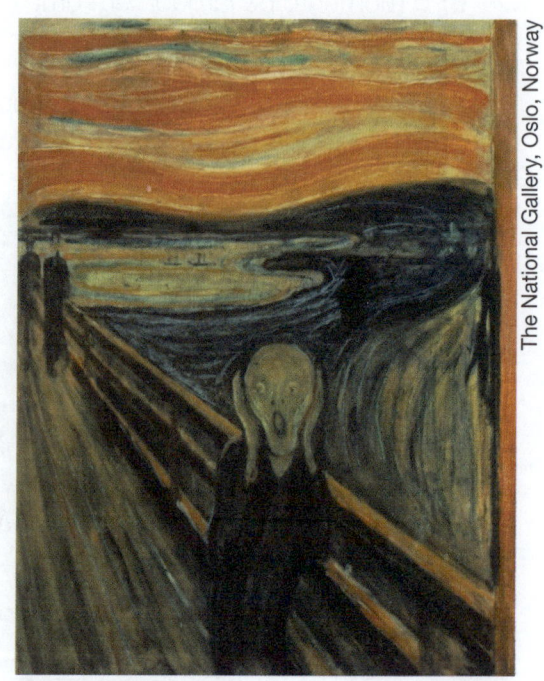

O grito (1893), de Edvard Munch. Óleo sobre tela, 91 cm × 74 cm. Galeria Nacional de Oslo.

PARTE 1

Estrutura da narrativa — Capítulo 10 – Descrição do ambiente

FICHA 10

Autor(a): _____

Ano: _____ Data: ____/____/____

Preparação

Antes de começar a descrever o ambiente escolhido, defina a impressão que seu texto deve transmitir e, em função dela, selecione aspectos desse ambiente. Ao escrever o texto, procure relacionar as características psicológicas da personagem com o ambiente descrito.

Impressão básica:

_____

_____

Detalhes do ambiente:

_____

_____

_____

_____

_____

_____

_____

_____

_____

_____

_____

_____

_____

_____

Escrita

O narrador, ao descrever um ambiente, comporta-se como um fotógrafo que capta uma cena para revelá-la ao leitor. Ele registra em seu texto detalhes do ambiente que, em seu conjunto, sugerem ao leitor uma determinada impressão desse lugar, articulando-a ao estado emotivo da personagem.

Revisão

Na revisão de seu texto, observe se os aspectos descritivos do ambiente e da personagem possibilitam ao leitor visualizar a sequência narrativa pretendida. Para os demais aspectos, guie-se pelo Roteiro de revisão e avaliação abaixo.

Roteiro de revisão e avaliação

A. Tipologia: a narrativa	☐	A descrição é suficiente para apresentar ao leitor uma impressão do ambiente? Na sua condução, o texto relaciona o estado psicológico da personagem principal com o ambiente em que ela está inserida?
B. Coerência	☐	Estabelece uma relação lógica entre os elementos do texto, mantendo-os interligados a um conflito central?
C. Coesão	☐	Emprega elementos linguísticos que dão continuidade ao texto, construindo frases claras com um vocabulário preciso?
D. Adequação à norma-padrão	☐	Demonstra domínio da norma-padrão, respeitando as convenções da escrita (ortografia/acentuação) e as normas gramaticais (pontuação, concordância, regência, colocação)?
E. Edição do texto	☐	Escreve com legibilidade, uniformidade de margens e ausência de rasuras?
Total	☐	

Comentários do leitor (professor e/ou colega)

_____
_____
_____
_____
_____
_____
_____
_____

Reescrita e edição final

Na página seguinte, reescreva o seu texto para ser apresentado ao leitor (professor e/ou colega).

Com base no Roteiro de revisão e avaliação e nos comentários de quem leu seu texto, reescreva-o e poste-o no *site*: www.editoraibep.com.br/oficinadeescritores.

PARTE 1

Estrutura da narrativa — Capítulo 10 – Descrição do ambiente

FICHA 10

Autor(a): _____

Ano: _____ Data: ____/____/____

	Peso	Nota
A. Tipologia: narrativa	0 a 2,5	
B. Coerência	0 a 2,5	
C. Coesão	0 a 2,5	
D. Adequação à norma-padrão	0 a 2,5	
Total		

Comentários:

PARTE 1
Estrutura da narrativa

CAPÍTULO 11 — Elementos do enredo

A narrativa trata fundamentalmente do conflito de uma personagem que se desenvolve no tempo. Para isso, o narrador organiza os fatos em uma determinada sequência. A essa organização dá-se o nome de **enredo**.

Há dois enredos básicos: o **linear** (cronológico) e o **não linear** (psicológico). No enredo linear, a narrativa segue a sequência do tempo do relógio: antes do conflito, durante o conflito e seu desfecho. No enredo não linear, a narrativa inclui o movimento do tempo interior, isto é subjetivo. Em algumas histórias, o enredo começa em pleno conflito ou, a partir de um momento final (que se encaminha para o final) e retoma os fatos que motivaram o surgimento desse conflito. Qualquer que seja a disposição dos fatos, uma boa narrativa cria sempre no leitor a expectativa do que vai acontecer, envolvendo-o na história.

Componentes da narrativa

Um texto narrativo é produto de dois elementos: **história** e **enredo**.

A história constitui a matéria-prima do texto narrativo, da qual o narrador extrai os fatos. Ela está mais diretamente relacionada com o que acontece ou pode ocorrer na vida real. O enredo, por sua vez, é a maneira como o narrador organiza os dados fornecidos pela história, criando uma nova realidade.

Se o autor, ao compor um texto narrativo, ficar somente no nível da história, fará apenas um relato do fato ocorrido.

O texto narrativo baseia-se em fatos que adquirem vida e despertam interesse no leitor, por serem organizados de forma original.

Para organizar o enredo, o autor utiliza alguns procedimentos fundamentais:

1. seleção dos fatos;
2. criação do conflito;
3. escolha do foco narrativo;
4. disposição dos fatos.

1. Seleção dos fatos

Analisando as situações de sua vida diária, você observará que ocorre um pouco de tudo. Mas não há sempre uma organização, uma articulação entre todos os acontecimentos, pois nem sempre eles estão ordenados em uma sequência contínua e lógica.

Em uma história de filme, romance ou conto, entretanto, a vida das personagens segue uma progressão, apresenta uma unidade.

Dessa forma, enquanto a vida real é fragmentária, a vida da personagem, em uma obra de ficção, é, em geral, ordenada, sequenciada, focando prioritariamente os fatos apresentados.

Na verdade, para nos transmitir essa impressão, o autor realiza um trabalho consciente de seleção dos fatos da vida de um indivíduo e, para estruturar o texto, ordena-os, como um diretor monta as cenas de um filme. Por esse motivo, a personagem de uma obra de ficção apresenta-se ao leitor como uma unidade.

2. Criação do conflito

O conflito é o elemento decisivo para a organização do enredo. Pode-se defini-lo como um jogo entre forças contrárias.

$$Y \longleftrightarrow X$$

Todos os elementos da narrativa giram em torno do conflito vivido pela personagem, desencadeado pela presença de um antagonismo básico, o qual pode ser representado por uma força externa ou interna, que impossibilita o protagonista de realizar suas intenções.

3. Escolha do foco narrativo

O foco narrativo ou ponto de vista constitui a posição a partir da qual o narrador conta os fatos. São dois os focos narrativos básicos:

a) **foco narrativo em 1ª pessoa** – o narrador é uma das personagens envolvidas na história;

b) **foco narrativo em 3ª pessoa** – o narrador é um observador dos acontecimentos.

A escolha do foco narrativo pode estar relacionada ao tipo de conflito que o narrador pretende apresentar.

4. Disposição dos fatos

De acordo com a disposição temporal dos fatos, o enredo pode ser linear (cronológico) ou não linear (psicológico).

1º) Enredo linear

O autor organiza os fatos obedecendo à própria sequência do tempo físico (isto é, a sequência do tempo do relógio). Nesse tipo de enredo, os fatos são distribuídos fundamentalmente em três momentos: **apresentação**, **conflito** e **desfecho**.

a) **Apresentação:** localização das personagens no tempo e no espaço. Ausência de conflito.

b) **Conflito:** presença de um antagonismo, que gera o conflito na personagem. Quando o conflito se intensifica, o enredo atinge seu **clímax**.

c) **Desfecho:** o final de uma história pode ser **feliz**, se o protagonista vencer o antagonista, ou **trágico**, se ocorrer o inverso.

2º) Enredo não linear

O autor, ao organizar os fatos, não segue uma ordem cronológica, mas descontínua. Nesse tipo de enredo, há uma organização não linear dos acontecimentos, podendo conter rupturas do tempo e do espaço. O desenrolar da narrativa pode ser entrecortado por recuos no tempo (*flashbacks*), por projeções de fatos futuros etc.

Enredo linear

TEXTO 1 – Conto (fragmento)

Festa acabada

[...]
O Jango Jorge foi maioral nesses estropícios. Desde moço, até à hora da morte, eu vi.

Como disse, na madrugada, véspera do casamento, o Jango Jorge saiu para ir buscar o enxoval da filha.

Passou o dia; passou a noite.

No outro dia, que era o do casamento, até de tarde, nada.

Havia na casa uma gentama convidada; da vila, vizinhos, os padrinhos, autoridades, moçada. Havia de se dançar três dias!... Corria o amargo e copinhos de licor de butiá.

Roncavam cordeonas no fogão, violas na ramada, uma caixa de música na sala.

Quase ao entrar do sol, a mesa estava posta, vergando ao peso dos pratos enfeitados.

A dona da casa, por certo traquejada nessas bolandinas do marido, estava sossegada, ao menos ao parecer.

Às vezes mandava um dos filhos ver se o pai aparecia na volta da estrada, encoberta por uma restinga fechada de arvoredo.

Surgiu dum quarto o noivo, todo no trinque, de colarinho duro e casaco de rabo. Houve caçoadas, ditérios, elogios.

Só faltava a noiva; mas essa não podia aparecer, por falta do seu vestido branco, dos seus sapatos brancos, do seu véu branco, das suas flores de laranjeira, que o pai fora buscar e ainda não trouxera.

As moças riam-se; as senhoras velhas cochichavam.

Entardeceu.

Nisto correu voz que a noiva estava chorando: fizemos uma algazarra e ela – tão boazinha – veio à porta do quarto, bem penteada, ainda num vestidinho de chita de andar em casa, e pôs-se a rir pra nós, pra mostrar que estava contente.

A rir, sim, rindo na boca, mas também a chorar lágrimas grandes, que rolavam devagar dos olhos pestanudos...

E rindo e chorando estava, sem saber por quê... sem saber por que, rindo e chorando, quando alguém gritou do terreiro:

— Aí vem o Jango Jorge, com mais gente!...

Foi um vozeiro geral: a moça, porém, ficou como estava, no quadro da porta, rindo e chorando, cada vez menos sem saber por quê... pois o pai estava chegando e o seu vestido branco, o seu véu, as suas flores de noiva...

Era já fusco-fusco. Pegaram a acender as luzes.

E nesse mesmo tempo parava no terreiro a comitiva; mas num silêncio, tudo.

E o mesmo silêncio foi fechando todas as bocas e abrindo todos os olhos.

Então vimos os da comitiva descerem de um cavalo o corpo entregue de um homem, ainda de pala enfiado...

Ninguém perguntou nada, ninguém informou de nada; todos entenderam tudo... que a festa estava acabada e a tristeza começada...

Levou-se o corpo pra mesa da sala, para o sofá enfeitado, que ia ser o trono dos noivos. Então um dos chegados disse:

— A guarda nos deu em cima... tomou os cargueiros... E mataram o capitão, porque ele avançou sozinho pra mula ponteira e suspendeu um pacote que vinha solto...

e ainda o amarrou no corpo... Aí foi que o crivaram de balas... parado... Os ordinários!... Tivemos que brigar, pra tomar o corpo!

A sia-dona mãe da noiva levantou o balandrau do Jango Jorge e desamarrou o embrulho; e abriu-o.

Era o vestido branco da filha, os sapatos brancos, o véu branco, as flores de laranjeira...

Tudo numa platada de sangue... tudo manchado de vermelho, toda a alvura daquelas coisas bonitas como que bordada de colorado, num padrão esquisito, de feitios estrambólicos... como flores de cardo solferim esmagadas a casco de bagual!...

Então rompeu o choro na casa toda.

[...]

João Simões Lopes Neto. Festa acabada. In: *Contos gauchescos e lendas do Sul*. Porto Alegre: Globo, 1953.

Enredo não linear

Texto 2 – Conto (fragmento)

Mana Maria

[...]

Apagou a luz. Virou do lado direito. Romance bobo. Um médico se casava com uma aleijada. E agora um médico queria casar com uma, uma, uma feia. Mas feia que sabia que era feia, não escondia sua fealdade, até aumentava, aumentava de propósito. Por que motivo?

Mana Maria se revia indo para a Escola Normal com Dejanira e Alice. Ela saía de casa, Dejanira já estava esperando na porta do nº 53, se juntavam, dobravam à esquerda, Alice estava esperando no nº 17, tocavam para a Escola. Com passagem forçada pelo Ginásio Piratininga. Onde as gracinhas choviam. Teteias, diziam. Teteias. Dejanira e Alice fingiam que não gostavam. Mana Maria gostava sem fingir que não. Aos poucos porém foi percebendo que as teteias eram duas com exclusão sua. Dois ginasianos mais ousados passaram a se dirigir diretamente a Dejanira e Alice. Mana Maria propôs:

– Vamos passar agora pela outra calçada.

Mas as amigas não concordaram. Mana Maria não insistiu. E se rompeu de despeito.

Um dia não encontrou Dejanira na porta do 53. Tocou a campainha, a mãe de Dejanira informou que ela já tinha saído. Dobrou a esquina, não viu Alice no número 17. E a irmãzinha informou que Alice já tinha saído. Na calçada do Ginásio Piratininga os estudantes formavam grupinhos. Mana Maria passou por eles completamente despercebida.

Junto de uma árvore, a um quarteirão da Escola, havia dois casais parados. Mana Maria reconheceu logo os namorados. Sentiu um peso nas pernas. Passava fingindo não ver? Passava. Com o rosto em fogo passou. Dejanira chamou:

– Maria!

Nem se virou. E a explicação na Escola foi um sofrimento para ela. Não tem importância, dizia. Na saída viu os dois estudantes no mesmo ponto em que de manhã os descobrira com as amigas. Disse para elas:

– Até logo!

E sem querer ouvir o que elas falavam, passou pelos moços já de chapéu na mão (era de ironia o olhar que lhe dirigiram, cachorros), apressou cada vez mais o passo, chegou ofegante em casa. Daí por diante ia sozinha para a Escola e sozinha voltava para casa. Pensou mil vinganças, cartas anônimas avisando os pais por exemplo. Mas atentou na mesquinhez delas e desistiu. Entretanto sua amizade com Dejanira e Alice esfriou. Mal se cumprimentavam passados poucos dias. Deu então de reparar na atitude indiferente dos homens para com ela. Indiferente ou respeitosa? Dava no mesmo. Quantas vezes ela andava, um, dois, três quarteirões atrás de uma saia qualquer, uma italianinha suja, uma mulatinha até, ouvindo os gracejos que dirigiam para a italianinha, para a vagabunda. Ela não ouvia nenhum. E o mais esquisito é que quando Mana Maria se aproximava muitas vezes os gracejos dirigidos à italianinha ou à mulatinha cessavam. Por respeito dela, Mana Maria. Isso lhe dava um amargor e ao mesmo tempo um orgulho indefiníveis. Era respeitada. Não era desejada.

[...]

Antônio de Alcântara Machado. Mana Maria. In: *Novelas paulistanas*. Rio de Janeiro: José Olympio, 1973.

Roteiro de Leitura

O enredo do texto "Festa acabada" obedece à seguinte sequência:

Apresentação	Conflito			Desfecho
Jango Jorge saiu para ir buscar o enxoval da filha.	Até a tarde do dia do casamento, ele ainda não havia chegado.	A noiva torna-se apreensiva com a demora do pai.	Chega uma comitiva, carregando o corpo de um homem morto.	Embaixo do balandrau de Jango Jorge, a mãe da noiva encontra o vestido, os sapatos e as flores de laranjeira.

No **texto 2**, Mana Maria, a partir de um fato constatado em um romance que lia, retoma fatos e sensações ocorridos em momentos passados de sua vida.

Produção de Texto

Proposta 1

Com base nos fatos da história "Festa acabada", crie outro texto, alterando o enredo. Para isso, você deve:

1º) mudar o foco narrativo: o narrador pode ser, por exemplo, a noiva;

2º) mudar o enredo de linear (cronológico) para não linear (psicológico).

Em função dessa reorganização da história, você pode eliminar alguns fatos ou acrescentar outros.

Proposta 2

Leia o texto a seguir:

Tragédia brasileira

Misael, funcionário da Fazenda, com 63 anos de idade.

Conheceu Maria Elvira na Lapa – prostituída, com sífilis, dermite nos dedos, uma aliança empenhada e os dentes em petição de miséria.

Misael tirou Maria Elvira da vida, instalou-a num sobrado no Estácio, pagou médico, dentista, manicura... Dava tudo quanto ela queria.

Quando Maria Elvira se apanhou de boca bonita, arranjou logo um namorado.

Misael não queria escândalo. Podia dar uma surra, um tiro, uma facada. Não fez nada disso: mudou de casa.

Viveram três anos assim.

Toda vez que Maria Elvira arranjava namorado, Misael mudava de casa.

Os amantes moraram no Estácio, Rocha, Catete, Rua General Pedra, Olaria, Ramos, Bonsucesso, Vila Isabel, Rua Marquês de Sapucaí, Niterói, Encantado, Rua Clapp, outra vez no Estácio, Todos-os-Santos, Catumbi, Lavradio, Boca do Mato, Inválidos...

Por fim na Rua da Constituição, onde Misael, privado de sentidos e de inteligência, matou-a com seis tiros, e a polícia foi encontrá-la caída em decúbito dorsal, vestida de organdi azul.

Manuel Bandeira. Tragédia brasileira. In: *Estrela da manhã*. São Paulo: Global, 2012.

- Narre uma história contendo os fatos apresentados no texto e altere o foco narrativo. Em sua história, "Misael" deverá ser o narrador-personagem. Mude, também, a ordem de apresentação dos fatos: para isso, empregue o enredo não linear.

PARTE 1

Estrutura da narrativa — Capítulo 11 – Elementos do enredo

FICHA 11

Autor(a): _____

Ano: _____ Data: ____/____/____

Preparação

Para compor o texto, é preciso realizar a seleção dos fatos e fazer a mudança do foco narrativo.

Planeje as alterações que você fará na organização do enredo, transformando-o em não linear. Selecione e anote abaixo os fatos ou elementos do texto que você pretende alterar.

1. A história: síntese dos fatos básicos.

_____
_____
_____
_____
_____

2. Organização da história:

a) **Personagens:** nomes e características principais.

_____
_____

b) **Conflito:** problema central que será vivido pela personagem.

_____
_____

c) **Foco narrativo:** escolha a melhor posição para explorar o problema da personagem:

☐ narrador-observador: 3ª pessoa   ☐ narrador-personagem: 1ª pessoa

d) **Enredo:**

☐ linear (cronológico)   ☐ não linear (psicológico)

Escrita

Lembre-se de que o enredo não linear não segue uma ordem cronológica, mas descontínua.

Para produzir o texto, você poderá realizar rupturas do tempo e do espaço, fazer *flashbacks* e também projeções de fatos futuros. Fique atento para que a mudança do enredo não comprometa a coerência da história. Para isso, se for necessário, altere os itens anteriores sempre que eles não forem eficazes para obter o resultado almejado.

Revisão

Dentre os vários aspectos que devem ser considerados na revisão, observe, especialmente, se a alteração do tipo de enredo comprometeu ou não a coerência do texto reescrito. Verifique também se todos os componentes da história estão relacionados a um elemento nuclear: o conflito da personagem. Para organizar seu trabalho de revisão, guie-se pelo Roteiro de revisão e avaliação abaixo.

Roteiro de revisão e avaliação

A. Tipologia: a narrativa	☐	1. O foco narrativo foi alterado adequadamente? 2. O texto foi escrito de maneira que o enredo se constituiu como não linear?
B. Coerência	☐	O enredo foi devidamente alterado de linear para não linear, sem comprometer a coerência da história?
C. Coesão	☐	Empregou elementos linguísticos que dão continuidade ao texto, construindo frases claras com um vocabulário preciso?
D. Adequação à norma-padrão	☐	Demonstrou domínio da norma-padrão, respeitando as convenções da escrita (ortografia/acentuação) e as normas gramaticais (pontuação, concordância, regência, colocação)?
E. Edição do texto	☐	Escreveu com legibilidade, uniformidade de margens e ausência de rasuras?
Total	☐	

Comentários do leitor (professor e/ou colega)

_____
_____
_____
_____
_____
_____
_____
_____

Reescrita e edição final

Na página seguinte, reescreva seu texto para ser apresentado ao leitor (professor e/ou colega).

Com base no Roteiro de revisão e avaliação e nos comentários de quem leu seu texto, reescreva-o e poste-o no *site*: www.editoraibep.com.br/oficinadeescritores.

PARTE 1
Estrutura da narrativa — **Capítulo 11 – Elementos do enredo**

FICHA 11

Autor(a): _____

Ano: _____ Data: ____/____/____

		Peso	Nota
A.	Tipologia: narrativa	0 a 2,5	
B.	Coerência	0 a 2,5	
C.	Coesão	0 a 2,5	
D.	Adequação à norma-padrão	0 a 2,5	
	Total		

Comentários:

PARTE 1
Estrutura da narrativa

CAPÍTULO 12
Criação de suspense

Por que uma história nos prende a atenção e nos deixa tensos e curiosos para saber o que vai acontecer? Será que somos surpreendidos pela conclusão inesperada em todas as histórias que lemos? O que causa esse tipo de reação é apenas o fato de que desconhecemos o final? Não seria mais fácil, então, "pular" diretamente para a conclusão do livro?

Uma boa história deve atrair a atenção do leitor, que sempre deseja saber o que vai acontecer.

> O suspense é uma das técnicas utilizadas para obter o envolvimento do leitor, provocando neste um grande interesse em conhecer todos os passos que conduzem ao fim do enredo.

Há várias possibilidades para se criar suspense em uma história. Observe uma delas no texto seguinte.

TEXTO – Conto

O mistério do quarto escuro

Acordo atordoada, tonta, não me lembro de nada, me viro para lá, me viro para cá e não consigo sair daqui. A porta está fechada. Por mais que eu tente, não consigo abrir. Aqui dentro está uma bagunça de roupas esparramadas, um mau cheiro. Está mal ventilado, sinto até falta de ar. Aqueles homens me prenderam sem motivo algum.

Tento mais uma vez, não consigo abrir a porta, me trancaram, está escuro, não enxergo nem onde piso, esbarrando em tudo. Aqui, apesar de fazer muito frio, estou até corada de calor e aflição.

Este escuro me dá medo. Apesar de tudo, preferia estar lá fora. Só consigo ver luz em uma brecha da porta. Pouca coisa posso ver do outro lado, não sei o que estão fazendo com as minhas amigas, ai, coitadas. Não sei se estão fazendo ou já fizeram. Ai! não quero nem pensar.

Esses homens que me prenderam aqui dentro não têm coração, não nos respeitam, a nós que somos tão inofensivas e indefesas.

Fico em silêncio e ouço vozes masculinas confusas do lado de fora. Acho que estão discutindo o que farão comigo. Essas cordas estão me machucando. Não gosto nem de pensar o que me vai acontecer. Acho que me prenderam por eu ser a mais gordinha.

Meu medo aumentou, ouço passos em minha direção, não posso me esconder, não consigo nem me movimentar. Estão forçando a porta e têm a chave. Não sei o que fazer. Acho que chegou a minha vez, vieram me buscar, não posso mais escapar.

Abriram a porta. É um moreno magro e comprido, de cabelo grande, feio que Deus me livre. Vem com as mãos em minha direção e me agarra com força em seus braços, me desamarra, joga as cordas e me leva para fora num gesto brutal, me põe no chão para fechar novamente o local. Tento correr mas não consigo ir longe. Ele me agarra outra vez com força. Tento me livrar dele, mas não consigo. Ele sorri, me leva para outro lugar. Vejo uma de minhas amigas, penso em pedir socorro, mas ela não pode me ajudar, pois ela está sendo vigiada por um careca ainda mais feio que o outro (o que o outro tem de cabelo, neste está em falta). Coitada! Será que o destino dela será o mesmo que o meu?

Até que ele para comigo, mas não me coloca no chão (acho que de medo de eu fugir outra vez) e então é a hora, ele me bate, bate, bate no chão. Entra comigo no garrafão, pula comigo e faz a primeira cesta do jogo!

Carmo R. E. da Silva, 14 anos (redação escolar).

Roteiro de Leitura

RESPONDA no CADERNO

1. O texto "O mistério do quarto escuro" inicia-se com um conflito. Identifique-o.

2. De que modo o conflito apresentado contribui para introduzir uma narrativa de suspense?

3. O sétimo parágrafo começa assim: "Abriram a porta.". Mas, antes disso, o parágrafo anterior apresenta uma sequência de orações breves. Releia-o:

> "Meu medo aumentou, ouço passos em minha direção, não posso me esconder, não consigo nem me movimentar. Estão forçando a porta e têm a chave. Não sei o que fazer. Acho que chegou a minha vez, vieram me buscar, não posso mais escapar."

a) No primeiro trecho do parágrafo, as orações, separadas por vírgula, são breves. Que efeito de suspense é conseguido pelo uso de orações curtas, em vez de longas?

b) Copie o trecho do parágrafo em que o suspense é conseguido por meio de um aumento de tensão na cena narrada.

4. A tensão do texto se dilui com um final surpreendente. Analise esse final em relação aos parágrafos anteriores.

Leia o texto a seguir, no qual o assunto principal é a construção do suspense.

Existe uma técnica simples para criar suspense, usada por premiados roteiristas de cinema e tv, escritores de *bestsellers* e redatores publicitários das melhores agências de propaganda. Tal técnica apela para nosso instinto de sobrevivência que, quando opera em modo automático, está constantemente tentando se certificar que estamos seguros. Como não vivemos mais na selva, precisando nos defender dos ataques de mamutes e leões, esse instinto se readaptou aos perigos mais complexos e subjetivos da vida urbana.

Um dos motivos pelos quais investimos grande parte do nosso tempo livre em histórias de ficção é a possibilidade de adicionar ao nosso banco de experiências, sem riscos ou perigos concretos, novas formas de resolução de conflito. Acreditamos que, ao observar como certos personagens lidam com suas dificuldades e dão sentido para seus problemas, poderemos repensar o significado que demos para nossas experiências passadas ou nos prepararmos para, futuramente, enfrentarmos conflitos parecidos.

Essa é a principal função do nosso instinto de sobrevivência hoje em dia: coletar informações que nos ajudem a evitar a recorrência de problemas que já enfrentamos e nos preparar para lidar com conflitos futuros. Por isso, quando uma narrativa desperta nossa curiosidade sobre como um personagem resolverá um problema que relacionamos a nossa vida, nos sentimos compelidos a acompanhar a história até o final.

Qual é a técnica que cria suspense e ajuda a manter o interesse em seus textos? Simplesmente levante uma pergunta intrigante na mente do leitor e faça ele seguir lendo até descobrir a resposta. Assim como este texto acabou de fazer com você.

Diego Schutt. Ficção em tópicos. Disponível em: <http://ficcao.emtopicos.com/2012/08/dica-suspense-interesse-historia/>. Acesso em: 10 set. 2016.

Esse texto discorre sobre o fato de haver uma percepção de alguns profissionais (roteiristas, escritores e publicitários) acerca do instinto de sobrevivência do ser humano. Essa compreensão, segundo o texto, propicia a esses profissionais relacionar a resolução de problemas, desde os mais simples aos mais complexos, aos conflitos apresentados por eles em filmes, livros e propagandas.

Com base no texto, é possível observar que um dos elementos usados para provocar suspense é lançar perguntas sobre como uma personagem poderá resolver determinado conflito. Releia este trecho do conto "O mistério do quarto escuro", em que foi empregado esse recurso:

"Vejo uma de minhas amigas, penso em pedir socorro, mas ela não pode me ajudar [...]. Coitada! Será que o destino dela será o mesmo que o meu?"

O efeito de suspense, no texto lido, também pôde ser obtido:

a) por meio da apresentação de uma sequência de ações:

"Tento correr mas não consigo ir longe. Ele me agarra outra vez com força. Tento me livrar dele, mas não consigo. Ele sorri, me leva para outro lugar."

b) por meio da descrição de elementos presentes no ambiente:

"Aqui dentro está uma bagunça de roupas esparramadas, um mau cheiro. Está mal ventilado, sinto até falta de ar. [...] está escuro, não enxergo nem onde piso, esbarrando em tudo. Aqui, apesar de fazer muito frio, estou até corada de calor e aflição."

c) por meio da apresentação das percepções e dos pensamentos e/ou sentimentos da personagem que vive o conflito e da produção de trechos que expressam incerteza sobre algo:

"Este escuro me dá medo. Apesar de tudo, preferia estar lá fora. Só consigo ver luz em uma brecha da porta. Pouca coisa posso ver do outro lado, não sei o que estão fazendo com as minhas amigas, ai, coitadas. Não sei se estão fazendo ou já fizeram. Ai! não quero nem pensar."

"Não sei o que fazer. Acho que chegou a minha vez [...]".

Determinados usos da pontuação também podem favorecer a criação de efeitos de suspense. O ponto final ou a vírgula, por exemplo, usados para interromper cada ação, como se recortassem as falas do narrador, dão movimento e ação à narrativa, contribuindo para aumentar a sensação de que algo inesperado pode acontecer.

Cenas com efeitos de suspense podem ser encontradas em vários gêneros textuais, como em contos ou romances, sejam eles de terror, policiais ou de aventura, nas narrativas de enigma, entre outros.

Produção de Texto

ESCREVA na FICHA

Crie uma história com cenas de suspense. Quanto mais seu texto conseguir prender a atenção do leitor, mais atraente ele será. Antes de começar a escrever, proceda da seguinte maneira:

Faça um esquema para sua história.

- O que aconteceu?
- Onde aconteceu?
- Com quem aconteceu?
- Quando aconteceu?
- Em que circunstâncias?
- Características da personagem.

Determine, a seguir, a mensagem ou a impressão que você pretende sugerir ao leitor. No texto "O mistério do quarto escuro", o autor seleciona momentos que sugerem um clima de medo e violência.

Após essas duas etapas, inicie o texto. Durante o processo de elaboração, lembre-se de dois aspectos:

1. conte sempre o particular, detalhando as cenas ou os momentos que você julgar mais importantes;

2. acompanhe sua personagem, narrando o que ela faz, fala, pensa e sente.

PARTE 1
Estrutura da narrativa — Capítulo 12 – Criação de suspense

FICHA 12

Autor(a): _____

Ano: _____ Data: ____/____/____

Preparação

Antes de começar a escrever, faça um roteiro da história que você vai contar. Procure relacionar aspectos que criem um clima de suspense, medo ou mistério e busque descrever o ambiente em que as cenas criadas por você acontecem. Para criar suspense, retome os exemplos que observou nos textos lidos: emprego de frases breves com verbos de ação, interrupções marcadas por sinais de pontuação, descrição de ambientes e ações preparando para o fato mais marcante da cena, apresentação de sensações, percepções, pensamentos e/ou sentimentos da personagem que vive o conflito e, se desejar, trechos que expressam, especificamente, a incerteza sobre algo.

a) **Sinopse da história:** breve resumo dos fatos.
_____
_____

b) **Personagem principal:** nome e características físicas e psicológicas.
_____
_____

c) **Ambiente:** características do lugar onde se passa a história.
_____
_____

d) **Conflito:** especifique o problema que a personagem de sua história vive.
_____
_____

e) **Foco narrativo:** escolha o foco narrativo que você julga mais adequado para evidenciar o problema.
_____

Escrita

Defina e descreva o ambiente escolhido de acordo com a impressão que seu texto deve transmitir. Ao escrevê-lo, parta do princípio de que ele deve atrair a atenção do leitor. Por esse motivo, não tenha pressa em revelar todos os detalhes da história de uma só vez. Dê tempo para o leitor imaginar as cenas e fatos que você está construindo, crie certa expectativa. Além disso, há determinados aspectos ou situações que não precisam ser mencionados, apenas sugeridos.

Revisão

O aspecto fundamental que você deverá avaliar nesta releitura é a criação do suspense. O suspense não depende apenas do roteiro da história, mas, sobretudo, da maneira como o autor conta para o leitor os acontecimentos. Confira: as cenas narradas cumprem a função de provocar efeitos de suspense? Que recursos foram usados para conseguir esse resultado? Para organizar seu trabalho de revisão, guie-se pelo Roteiro de revisão e avaliação abaixo.

Roteiro de revisão e avaliação

A. Tipologia: a narrativa	☐	Emprega, na narrativa, recursos para a produção de efeitos de suspense sobre o leitor?
B. Coerência	☐	Estabelece uma relação lógica entre os elementos do texto mantendo-os interligados a um conflito central?
C. Coesão	☐	Emprega elementos linguísticos que dão continuidade ao texto, construindo frases claras com um vocabulário preciso?
D. Adequação à norma-padrão	☐	Demonstra domínio da norma-padrão, respeitando as convenções da escrita (ortografia/acentuação) e as normas gramaticais (pontuação, concordância, regência, colocação)?
E. Edição do texto	☐	Escreve com legibilidade, uniformidade de margens e ausência de rasuras?
Total	☐	

Comentários do leitor (professor e/ou colega)

_____
_____
_____
_____
_____
_____
_____
_____

Reescrita e edição final

Na página seguinte, reescreva seu texto para ser apresentado ao leitor (professor e/ou colega).

Com base no Roteiro de revisão e avaliação e nos comentários de quem leu seu texto, reescreva-o e poste-o no *site*: www.editoraibep.com.br/oficinadeescritores.

PARTE 1

Estrutura da narrativa — Capítulo 12 – Criação de suspense

FICHA 12

Autor(a): _____

Ano: _____ Data: ____/____/____

		Peso	Nota
A.	Tipologia: narrativa	0 a 2,5	
B.	Coerência	0 a 2,5	
C.	Coesão	0 a 2,5	
D.	Adequação à norma-padrão	0 a 2,5	
	Total		

Comentários:

PARTE 2

Gêneros da narrativa

1. Conto

2. Romance

3. Conto mínimo

4. Miniconto

5. Crônica

PARTE 2
Gêneros da narrativa

CAPÍTULO 1
Conto

> **Conto** é um gênero narrativo que relata uma história breve. Nele estão presentes todos os elementos de uma narrativa: narrador, personagem, enredo, tempo, espaço e conflito.

Leia o texto "Venta-Romba" e conheça a estrutura de um conto, bem como os elementos que o compõem.

TEXTO — Conto

Venta-Romba

Venta-Romba pedia esmola, gemendo uma cantilena, indiferente às recusas:

— Como vai, seu Major? E a mulher de seu Major? Os filhinhos de seu Major?

A voz corria mansa; as rugas da cara morena se aprofundavam num sorriso contente; o nevoeiro dos olhos se iluminava com estranha doçura. Nunca vi mendigo tão brando. A fome, a seca, noites frias passadas ao relento, a vagabundagem, a solidão, todas as misérias acumuladas num horrível fim de existência haviam produzido aquela paz. Não era resignação. Nem parecia ter consciência dos padecimentos: as dores escorregavam nele sem deixar mossa.

— Como vai, seu Major? Os filhinhos de seu Major?

Humildade serena, insignificância, as mãos trêmulas e engelhadas, os pés disformes arrastando as alpercatas, procurando orientar-se nas esquinas, estacionando junto dos balcões. Restos de felicidade esvaíam-se nas feições tranquilas. O aió sujo pesava-lhe no ombro; o chapéu de palha esburacado não lhe protegia a cabeça curva; o ceroulão de pano cru, a camisa aberta, de fralda exposta, eram andrajos e remendos.

Aparecia uma vez por semana, às sextas-feiras, quando se realizava a caridade: um pires de farinha nas casas particulares, um vintém nas lojas e nas bodegas. Mas as famílias de lojistas e bodegueiros não exerciam a caridade porque isto seria redundância.

— Peça na venda.

Tínhamos ordem para afastar os peditórios.

Uma sexta-feira Venta-Romba nos bateu à porta. Deve ter batido: não ouvimos as pancadas. Achou o ferrolho e entrou, surgiu de supetão na sala de jantar, os dedos bambeando o cajado. As moças assustaram-se, os meninos caíram em grande latomia.

— Vá-se embora, meu Senhor, disse a patroa.

A distância, esse tratamento de meu Senhor a uma criatura em farrapos soa mal.

Era assim que minha mãe se expressava dirigindo-se a qualquer desconhecido. Trouxera o hábito da fazenda e isto às vezes não revelava polidez. Em tons vários, meu Senhor traduzia respeito, desdém ou enfado. Agora, com estridência e aspereza, indicava zanga, e a frase significava, pouco mais ou menos:

— Vá-se embora, vagabundo.

Venta-Romba perturbou-se, engasgou-se, apagou o sorriso; o vexame e a perplexidade escureceram-lhe o rosto; os beiços contraíram-se, exibindo as gengivas nuas.

— Sinha dona... murmurou.

Com certeza buscava explicar-se. Interjeições roucas e abafadas escapavam-lhe; os olhos baços percebiam o terror das crianças e arregalavam-se aflitos.

Minha mãe era animosa. Atirava, montava, calejara na vida agreste. Certo dia um coronel lhe entrou subitamente na cozinha, lívido, rogando-lhe que o escondesse da polícia: trancou-o num quarto, guardou a chave, tomou as primeiras medidas necessárias à fuga. Não precisava que o marido, pessoa débil, viesse enxotar Venta-Romba. Mas expediu o moleque José com um recado e plantou-se junto à mesa, a espera, silenciosa, os cantos da boca repuxados, a mancha vermelha da testa muito larga.

Diante dela, o pobre intentava aliviar a impressão má, e cada vez mais se confundia; deixou passar o momento de retirar-se; coçava a cabeça, gemia desculpas asmáticas, e ninguém o escutava. Num arranco de impaciência, bateu com o pau no tijolo, agravou a balbúrdia. A severidade vincou o rosto da mulher; as moças cochicharam rezando e fixaram a atenção na entrada do corredor.

Nesse ponto chegou meu pai. Chegou alvoroçado, branco, e logo se fortaleceu, pôs-se a interrogar Venta-Romba, que desabafou, estranhou a desordem: implicância dos meninos, gritos, choro, a dona sisuda, as doninhas arrepiadas. Fuzuê brabo à toa, falta de juízo. Graças a Deus tudo se alumiava. Descobriu-se, despediu-se, caminhou de costas:

— Adeus, seu Major.

Meu pai atalhou-o. Antes de qualquer sindicância, tinha-se resolvido. Enganara-se com os exageros do moleque, enviara um bilhete ao comandante do destacamento. A fraqueza o impelia a decisões extremas. Imaginara-se em perigo. Reconhecia o erro, mas obstinava-se. Misturava o sobressalto originado pela notícia ao enjoo que lhe causava a figura mofina — e desatinava. Propendia a elevar o intruso, imputar-lhe culpa e castigá-lo. De outro modo, o caso findaria no ridículo.

— Está preso, gaguejou, nervoso, porque nunca se exercitara naquela espécie de violência.

Alguém tossiu na sala, um boné vermelho apareceu no fim do corredor: Insensível, Venta-Romba tropicava como um papagaio, arrimava-se penosamente à ombreira da porta. Deteve-se, largou uma exclamação de surpresa e dúvida. E quando a frase se repetiu, balbuciou descorado.

— Brincadeira de seu Major.

Espalhou a vista em roda: o barulho das crianças fora substituído por uma curiosidade perversa; as moças tremelicavam na costura; a face de minha mãe expunha indiferença, imóvel; um sujeito passava na sala de visitas, exibindo pedaços de farda vistosa. Claro que não era brincadeira, mas o velho, estonteado, não alcançava o desastre. Arredou-se da porta, encostou-se à parede, esboçou um movimento de defesa. Se não fosse banguelo, rangeria os dentes; se os músculos não estivessem lassos, endureceria as munhecas, levantaria o cajado. Impossível morder ou empinar-se; o gesto maquinal de bicho acuado esmoreceu; devagar, a significação da palavra rija furou, como pua, o espírito embotado. E emergiu da trouxa de molambos uma pergunta flácida:

— Por quê, seu Major?

Era o que eu também desejava saber. À janela, distraindo-me com o voo das abelhas e o zunzum do cortiço pendente do beiral, vira o espalhafato nascer e engrossar em minutos. Não havia colaborado nele — e a interrogação lamentosa me abalava. Por quê? Como se prendia um vivente incapaz de ação? Venta-Romba movia-se de leve. Não podendo fazer mal, tinha de ser bom.

Difícil conduzir aquela bondade trôpega ao cárcere, onde curtiam pena os malfeitores.
— Por quê, seu Major?

O cochicho renovado ficou sem resposta. Seu Major não saberia manifestar-se. Assombrara-se, recorrera à força pública e receava contradizer-se. Talvez sentisse compaixão e se reconhecesse injusto. Enraivecido, acusava-se e despejava a cólera sobre o infeliz, causa do desarranjo. Em desespero, roncou injúrias. O polícia que pigarreava na sala se avizinhou, a blusa desabotoada, a faca de ponta à cintura, as reiunas de vaqueta ringindo.

Vinte e quatro horas de cadeia, uma noite na esteira de piripiri, remoques dos companheiros de prisão, gente desunida. Perdia-se a sexta-feira, esfumaçava-se a beneficência mesquinha. Como havia de ser? Como havia de ser o pagamento da carceragem?

Venta-Romba sucumbiu, molhou de lágrimas a barba sórdida, extinguiu num murmúrio a pergunta lastimosa. O soldado ergueu-lhe a camisa, segurou o cós do ceroulão, empunhou aquela ruína que tropeçava e queria aluir, atravessou o corredor, ganhou a rua.

Fui postar-me na calçada, sombrio, um aperto no coração. Venta-Romba descia a ladeira aos solavancos, trocando as pernas, desconchavando-se como um judas de sábado de Aleluia. Se não o agarrassem, cairia. O aió balançava; na cabeça desgovernada os vestígios de chapéu iam adiante e vinham atrás; as alpercatas escorregavam na grama.

Eu experimentava desgosto, repugnância, um vago remorso. Não arriscara uma palavra de misericórdia. Nada obteria com a intervenção, certamente prejudicial, mas devia ter afrontado as consequências dela. Testemunhara uma iniquidade e achava-me cúmplice. Covardia.

Mais tarde, quando os castigos cessaram, tornei-me em casa insolente e grosseiro — e julgo que a prisão de Venta-Romba influiu nisto. Deve ter contribuído também para a desconfiança que a autoridade me inspira.

Graciliano Ramos. Venta-Romba. In: *Infância*. Rio de Janeiro: Record, 2006.

Roteiro de Leitura

Conto: uma obra de ficção

No conto, o autor relata uma história. Não se trata de um relato de fatos que ocorreram de verdade em algum tempo e em algum lugar. O autor, baseando-se em elementos da realidade, cria uma história que, embora **pareça real**, é produto da imaginação. Por isso, o conto é uma **obra de ficção** (imaginação, ato de "fingir" a realidade).

Análise da estrutura do conto

1. Para você conhecer o processo de composição de um conto, estabeleçamos inicialmente o **resumo do enredo** do texto "Venta-Romba":

- Venta-Romba, um mendigo, passa semanalmente pela casa de "seu Major" e pede ajutório.

- Em uma sexta-feira, o mendigo bate à porta, mas ninguém vem atender, por isso ele entra sem permissão. Sua entrada provoca tumulto.

- A mulher do major imediatamente o enxota, mas o mendigo não arreda. Embora tenha sabido, em ocasiões semelhantes, agir sem o auxílio do marido, desta vez pede socorro.

- Chega o major e constata que nada passou de um simples incidente. Não pode, porém, despedir assim o mendigo, pois já solicitou reforço policial.
- Para não perder sua autoridade, prende Venta-Romba. Apesar dos questionamentos do mendigo, o major não cede e o mendigo é conduzido à prisão.
- O narrador, um dos filhos do major, sente-se revoltado com a cena e conclui que esse fato talvez tenha exercido nele certa influência: tornou-se em casa insolente e grosseiro e a autoridade passou a inspirar-lhe desconfiança.

2. Ao ler o texto original, você percebeu que há várias personagens envolvidas (Venta-Romba, o major, sua mulher e seus filhos, o moleque José, o policial e o narrador).

Lendo o resumo, no entanto, você observa que apenas três delas – Venta-Romba, o major e a mulher – participam decisivamente da ação. Essas personagens não aparecem gratuitamente: carregam consigo algumas informações que explicam quem são, o que fazem, como vivem, onde estão situadas etc. Com base em elementos fornecidos pelo texto, sabemos, por exemplo, que:

a) Venta-Romba é um mendigo sereno, respeitoso e amável;
b) a mulher do major é uma senhora corajosa que vivera no campo;
c) o major, ao contrário, é "uma pessoa débil";
d) as três personagens estão situadas na cidade, na casa do major.

De nada adiantaria conhecer outros dados físicos ou psicológicos, pois somente as características indicadas acima interferem na ação básica e contribuem para sua explicação.

A composição desses elementos, necessários para que o leitor possa acompanhar o desenvolvimento da história, constitui a **síntese dramática**.

3. Perceba que o texto pode ser resumido a uma forma bem sintética: **a prisão de Venta-Romba**.

Toda a síntese dramática existe para elucidar esse acontecimento e é para ele que converge toda a atenção. Os demais acontecimentos complementam essa ação básica.

Se tudo gira em torno de uma ação principal, e se existem outras ações menores somente para oferecer sustentação à ação principal, temos, então, uma **unidade de ação**.

Observe outro aspecto: o lugar ou espaço em que essa ação se processa é a casa do major. Pelo fato de a ação se desenvolver em um só lugar, temos também uma **unidade de espaço**.

Vimos que o interesse maior do contista incide sobre a ação, e é para ela que estão voltados todos os outros elementos da história. A personagem, como um dos elementos envolvidos na ação, deve ser revelada ao leitor somente naquilo que servir a ela.

Dessa forma, não nos interessa conhecer Venta-Romba sobre os outros aspectos físicos ou psicológicos. Do major e de sua mulher, também só nos interessam as características que interferem na ação básica.

Essas personagens não progridem no decorrer da narrativa. Elas se apresentam, portanto, de forma linear. Denominam-se **personagens lineares**.

4. É possível concluir, portanto, que o texto "Venta-Romba" apresenta uma estrutura narrativa com **unidade de ação**, **unidade de espaço**, **unidade de tempo**, **síntese dramática** e **personagens lineares**. O texto que possui esses elementos é classificado como **conto**.

> Conto é o texto narrativo que apresenta unidade de ação, unidade de espaço, unidade de tempo, síntese dramática e, em geral, personagens lineares.

Produção de Texto

ESCREVA na FICHA

Escreva um conto com base nos dados apresentados sobre a personagem Suzana e na imagem abaixo.

Personagem:	Suzana (com z).
Idade:	16 anos.
Altura:	1,66 m.
Peso:	52 kg.
Família:	Classe média. Pai (comerciante), mãe (professora) e dois irmãos: Adriano (14 anos) e Mário (12 anos).
Residência:	Mora em São Paulo, no bairro de Pinheiros.
Atividades:	Estudante do 2º ano do Ensino Médio com desejo de ser bióloga, jornalista, médica, psicóloga, cineasta, nutricionista, atriz de novela de TV, arqueóloga, escritora etc. Tudo ao mesmo tempo.
Amizades:	Laura, Carla, Raul, Ricardo, Fábio, Marcos, Jorge e Antônio. Gosta mais de amizades com homens do que com mulheres: "as mulheres não são leais entre si".
Paixão:	Já curtiu muito o Reynaldo Gianecchini. Aos 15 anos, namorou o João, uma gracinha, mas muito paquerador. Atualmente, só confia em seu cachorrinho, o Bojão. Desconfia que "os homens são todos iguais". Menos o Ricardo.

Comida:	"Arroz com feijão é a glória." Doce é bom mas engorda. Detesta alho, cebola, azeitona e maionese.
Bebida:	Suco de laranja. Está numa fase naturalista. Acha que refrigerante estufa o estômago e dá soluço.
Programas de TV:	Não gosta de começar a ver novela. Prende muito. A de que mais gostou foi *O clone*. Detestou *Passione*. Adora *Malhação* e *CQC*. Detesta programa de auditório do tipo Gugu e Faustão. Gosta também de *clipes*.
Cinema:	Adora. Gosta de filmes de amor. Chora, quando é muito triste. Gosta também de filmes de ficção científica como *Eu, robô*. Acha filmes de guerra e de faroeste muito chatos.
Teatro:	Não vai. Nem sabe se gosta ou não.
Música:	Paixão: Luan Santana, NX Zero, Jorge e Mateus e Beyoncé. Gosta também de Leoni, do Seu Jorge e da Marisa Monte. Detesta Wanessa Camargo ("muito estridente") e Latino ("não canta nada").
Livros:	Preferidos: *Cem anos de solidão*, de Gabriel García Márquez e *O apanhador no campo de centeio*, de J. D. Salinger. Detesta romance policial, mas curte mistério e terror. Separou para ler livros de: Guimarães Rosa, Rubem Fonseca, Harold Robbins, Marcia Kupstas, Vivina de Assis Viana, Guilherme da Cunha Pinto, Ignácio de Loyola Brandão e Mario Prata. Lê a revista *Capricho*. Já leu muito *Sabrina* e *Bianca*.
Esporte:	Pratica natação. Já fez ginástica aeróbica de baixo impacto. Um dia vai fazer ioga. Detesta futebol e torcedor fanático. Mas acompanha campeonato mundial.
Política:	Não é de nenhum partido. Acha os políticos demagogos. Ideologicamente é a favor de maior justiça social. Quer entrar para o movimento ecologista.
Adoração:	Adora criancinha de até 3 anos de idade. Quando se casar, aos 30 anos, quer ter oito filhos.
Desejo:	Viver uma grande aventura.
Segredo:	Tem um, mas não diz a ninguém. É profundo e conflitante.
Mistério:	Acha que tem poderes extrassensoriais. Sua mãe diz que é tudo bobagem e o Adriano também acha isso. O Mário respeita. O pai quer que ela faça análise. Só o Ricardo sabe que é verdade.
Signo:	Leão. Liderança, generosidade, sensualidade, criatividade e dispersão.
Cor preferida:	Azul. Depois, o vermelho. Não gosta de verde, a não ser "verde ecológico".
Irritações:	Gripe, dia de chuva, depilação, véspera de prova, levantar cedo, falta de roupa combinando, cheiro de fumaça de cigarro, porta do banheiro trancada, ônibus lotado, horário eleitoral na TV, perder as coisas, pernilongo.
Frase:	Gosta de dizer "Eu sou assim, quem quiser que goste de mim".

Inspirado em: Ignácio de Loyola Brandão. *Personagem:* quem conta um conto. v. 2. São Paulo: Atual, 1989.

PARTE 2
Gêneros da narrativa — **Capítulo 1 – Conto**

FICHA 1

Autor(a): _____

Ano: _____ Data: ____/____/____

Preparação

Antes de começar a escrever, faça um roteiro da história que você vai contar. Para isso, considere os elementos que compõem um conto. Observe os itens a seguir para planejar seu texto:

a) **Sinopse do enredo:** resuma em uma frase a história de seu conto.

_____
_____
_____

b) **Personagem principal:** nome e principais características.

_____
_____
_____

c) **Conflito:** problema central vivido pela personagem.

_____
_____
_____
_____

d) **Foco narrativo:** escolha a melhor posição para explorar o problema da personagem:

☐ narrador-observador: 3ª pessoa   ☐ narrador-personagem: 1ª pessoa

e) **Enredo:**

☐ linear (cronológico)   ☐ não linear (psicológico)

Escrita

O conto apresenta unidade dramática. Assim, para produzir seu texto, considere que os outros elementos que compõem a história devem se voltar para a ação principal. A personagem, como um dos elementos envolvidos na ação, deve ser revelada ao leitor de modo a contribuir para esse objetivo.

Revisão

Verifique se o conto que escreveu corresponde a uma narrativa breve e concisa. Preste atenção ao modo como direcionou os elementos que o compõem em relação à ação, contribuindo para a unidade dramática. Faça a revisão e a reescrita de acordo com os itens a seguir:

Roteiro de revisão e avaliação

A. Tipologia: a narrativa	☐	Demonstra domínio dos elementos básicos presentes na narrativa, utilizando-os para compor o gênero conto?
B. Coerência	☐	Estabelece uma relação lógica entre os elementos do texto, mantendo-os interligados a um conflito central?
C. Coesão	☐	Emprega elementos linguísticos que dão continuidade ao texto, construindo frases claras com um vocabulário preciso?
D. Adequação à norma-padrão	☐	Demonstra domínio da norma-padrão, respeitando as convenções da escrita (ortografia/acentuação) e as normas gramaticais (pontuação, concordância, regência, colocação)?
E. Edição do texto	☐	Escreve com legibilidade, uniformidade de margens e ausência de rasuras?
Total	☐	

Comentários do leitor (professor e/ou colega)

_____
_____
_____
_____
_____
_____
_____
_____

Reescrita e edição final

Na página seguinte, reescreva seu texto para ser apresentado a um amigo ou a um familiar. Solicite a esse leitor que avalie sua produção.

Com base no Roteiro de revisão e avaliação e nos comentários de quem leu seu texto, reescreva-o e poste-o no *site*: www.editoraibep.com.br/oficinadeescritores.

PARTE 2

Gêneros da narrativa   Capítulo 1 – Conto

FICHA 1

Autor(a): _____

Ano: _____   Data: ____/____/____

		Peso	Nota
A.	Tipologia: narrativa	0 a 2,5	
B.	Coerência	0 a 2,5	
C.	Coesão	0 a 2,5	
D.	Adequação à norma-padrão	0 a 2,5	
	Total		

Comentários:

PARTE 2
Gêneros da narrativa

CAPÍTULO 2 Romance

> "[...] o gênero romance não nasceu para contar verdades, que estas, ao passar para a ficção, transformam-se sempre em mentiras (quer dizer, umas verdade duvidosas e inverificáveis)."
>
> Mario Vargas Llosa. *Tia Júlia e o escrevinhador*.
> Rio de Janeiro: Alfaguara, 2007.

Leia, a seguir, um trecho do romance *Memórias póstumas de Brás Cubas*, de Machado de Assis:

TEXTO – Romance (fragmento)

Capítulo XVII – Do trapézio e outras cousas

... Marcela amou-me durante quinze meses e onze contos de réis; nada menos. Meu pai, logo que teve aragem dos onze contos, sobressaltou-se deveras; achou que o caso excedia as raias de um capricho juvenil.

– Desta vez, disse ele, vais para a Europa; vais cursar uma Universidade, provavelmente Coimbra; quero-te para homem sério e não para arruador e gatuno. E como eu fizesse um gesto de espanto: – Gatuno, sim senhor; não é outra cousa um filho que me faz isto...

Sacou da algibeira os meus títulos de dívida, já resgatados por ele, e sacudiu-mos na cara. – Vês, peralta? é assim que um moço deve zelar o nome dos seus? Pensas que eu e meus avós ganhamos o dinheiro em casas de jogo ou a vadiar pelas ruas? Pelintra! Desta vez ou tomas juízo, ou ficas sem cousa nenhuma.

Estava furioso, mas de um furor temperado e curto. Eu ouvi-o calado, e nada opus à ordem da viagem, como de outras vezes fizera; ruminava a ideia de levar Marcela comigo. Fui ter com ela; expus-lhe a crise e fiz-lhe a proposta. Marcela ouviu-me com os olhos no ar, sem responder logo; como insistisse, disse-me que ficava, que não podia ir para a Europa.

– Por que não?

– Não posso, disse ela com ar dolente; não posso ir respirar aqueles ares, enquanto me lembrar de meu pobre pai, morto por Napoleão...

– Qual deles: o hortelão ou o advogado?

Marcela franziu a testa, cantarolou uma seguidilha, entre dentes; depois queixou-se do calor, e mandou vir um copo de aluá. Trouxe-lho a mucama, numa salva de prata, que fazia parte dos meus onze contos. Marcela ofereceu-me polidamente o refresco; minha resposta foi dar com a mão no copo e na salva; entornou-se-lhe o líquido no regaço, a preta deu um grito, eu bradei-lhe,

161

que se fosse embora. Ficando a sós, derramei todo o desespero de meu coração; disse-lhe que ela era um monstro, que jamais me tivera amor, que me deixara descer a tudo sem ter ao menos a desculpa da sinceridade; chamei-lhe muitos nomes feios, fazendo muitos gestos descompostos. Marcela deixara-se estar sentada, a estalar as unhas nos dentes, fria como um pedaço de mármore. Tive ímpetos de a estrangular, de a humilhar ao menos, subjugando-a a meus pés. Ia talvez fazê-lo; mas a ação trocou-se noutra; fui eu que me atirei aos pés dela, contrito e súplice; beijei-lhos, recordei aqueles meses da nossa felicidade solitária, repeti-lhe os nomes queridos de outro tempo, sentado no chão, com a cabeça entre os joelhos dela, apertando-lhe muito as mãos; ofegante, desvairado, pedi-lhe com lágrimas que não me desamparasse... Marcela esteve alguns instantes a olhar para mim, calados ambos, até que brandamente me desviou e, com um ar enfastiado:

— Não me aborreça, disse.

Levantou-se, sacudiu o vestido, ainda molhado, e caminhou para a alcova.

— Não! bradei eu; não hás de entrar... não quero... Ia lançar-lhe as mãos: era tarde; ela entrara e fechara-se.

Saí desatinado; gastei duas mortais horas em vaguear pelos bairros mais excêntricos e desertos, onde fosse difícil dar comigo. Ia mastigando o meu desespero, com uma espécie de gula mórbida; evocava os dias, as horas, os instantes de delírio, e ora me comprazia em crer que eles eram eternos, que tudo aquilo era um pesadelo, ora, enganando-me a mim mesmo, tentava rejeitá-los de mim, como um fardo inútil. Então resolvia embarcar imediatamente para cortar a minha vida em duas metades, e deleitava-me com a ideia de que Marcela, sabendo da partida, ficaria ralada de saudades e remorsos. Que ela amara-me a tonta, devia de sentir alguma cousa, uma lembrança qualquer, como do alferes Duarte...

Nisto, o dente do ciúme enterrava-se-me no coração; toda a natureza bradava que era preciso levar Marcela comigo.

— Por força... por força... dizia eu ferindo o ar com uma punhada.

Enfim, tive uma ideia salvadora... Ah! trapézio dos meus pecados, trapézio das concepções abstrusas! [...] Era nada menos que fasciná-la, fasciná-la muito, deslumbrá-la, arrastá-la; lembrou-me pedir-lhe por meio mais concreto do que a súplica. Não medi as consequências; recorri a um derradeiro empréstimo; fui à Rua dos Ourives, comprei a melhor joia da cidade, três diamantes grandes encastoados num pente de marfim; corri à casa de Marcela.

Marcela estava reclinada numa rede, o gesto mole e cansado, uma das pernas pendentes, a ver-se-lhe o pezinho calçado de meia de seda, os cabelos soltos, derramados, o olhar quieto e sonolento.

— Vem comigo, disse eu, arranjei recursos... temos muito dinheiro, terás tudo o que quiseres... Olha, toma.

E mostrei-lhe o pente com os diamantes... Marcela teve um leve sobressalto, ergueu metade do corpo e, apoiada num cotovelo, olhou para o pente durante alguns instantes curtos; depois retirou os olhos; tinha-se dominado. Então, eu lancei-lhe as mãos aos cabelos, coligi-os, enlacei-os à pressa, improvisei um toucado, sem nenhum alinho, e rematei-o com o pente de diamantes; recuei, tornei a aproximar-me, corrigi-lhe as madeixas, abaixei-as de um lado, busquei alguma simetria naquela desordem, tudo com uma minuciosidade e um carinho de mãe.

— Pronto, disse eu.

— Doudo! foi a sua primeira resposta.

A segunda foi puxar-me para si, e pagar-me o sacrifício com um beijo, o mais ardente de todos. Depois tirou o pente, admirou muito a matéria e o lavor, olhando a espaço para mim, e abanando a cabeça com um ar de repreensão:

— Ora você! dizia.

— Vens comigo?

Marcela refletiu um instante. Não gostei da expressão com que passeava os olhos de mim para a parede, e da parede para a joia; mas toda a má impressão se desvaneceu, quando ela me respondeu resolutamente:
– Vou. Quando embarcas?
– Daqui a dois ou três dias.
– Vou.
Agradeci-lho de joelhos. Tinha achado a minha Marcela dos primeiros dias, e disse-lho; ela sorriu, e foi guardar a joia, enquanto eu descia a escada.

Machado de Assis. Capítulo XVII – Do trapézio e outras cousas. In: *Memórias póstumas de Brás Cubas*. Cotia: Ateliê, 2012.

Releitura do texto

Estrutura do romance

O texto "Do trapézio e outras cousas" foi extraído do romance *Memórias póstumas de Brás Cubas*, escrito por Machado de Assis e publicado em 1881, constituindo o Capítulo XVII da obra.

Para que você perceba alguns elementos da estrutura de um romance, analisemos inicialmente o enredo do livro.

Enredo de Memórias póstumas de Brás Cubas

O personagem-narrador Brás Cubas, já falecido, conta suas memórias. Morreu em 1869, aos 64 anos, solteiro.

Além dos pais, exerceram grande influência na educação do pequeno Brás três pessoas: tio João, tio Idelfonso (cônego) e Dona Emerenciana (tia).

Aos 17 anos, Brás Cubas apaixona-se por Marcela, dama espanhola, com quem manteve as primeiras experiências amorosas. Para agradá-la, Brás Cubas assume graves compromissos financeiros e endivida-se.

Ao tomar conhecimento dos gastos excessivos do filho, o pai manda-o para a Europa, onde Brás conclui o curso jurídico.

Retorna ao Rio, atendendo a um chamado do pai, pois a mãe estava moribunda.

Na Tijuca, conhece Eugênia, com quem mantém um rápido romance.

Posteriormente, conhece Virgília, filha do Conselheiro Acácio, pela qual se apaixona. Estava quase noivo da moça, quando surge Lobo Neves, que lhe rouba Virgília e casa-se com ela.

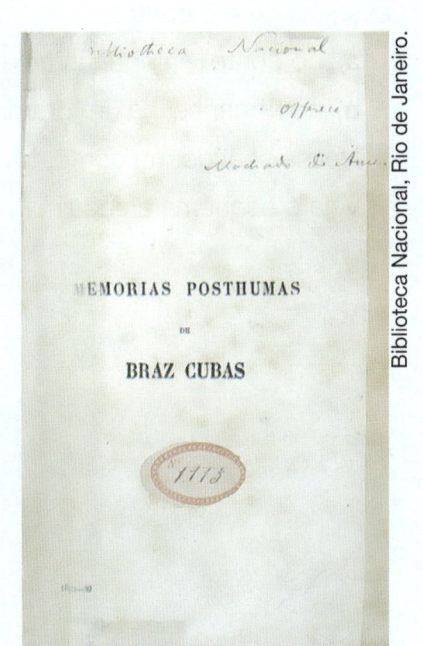

Primeira edição de *Memórias póstumas de Brás Cubas*, de 1881.

Morre o pai de Brás Cubas.

Virgília casa-se com Lobo Neves sobretudo por interesse. Na verdade, continua amando a Brás Cubas. Os dois mantêm encontros amorosos. Brás propõe a Virgília fugirem, pois seus encontros provocam comentários e mexericos. Virgília apresenta, porém, outra solução: "uma casinha só nossa", onde se realizariam os desejos dos amantes. D. Plácida, ex-empregada, encarrega-se da ornamentação e dos serviços da casa.

Lobo Neves recebe uma carta anônima denunciando os amores da esposa com o amigo. Os encontros dos amantes, embora mais reservados, continuam. Lobo Neves é nomeado presidente e parte para o interior levando consigo a esposa. Brás Cubas tenta esquecer Virgília. A irmã de Brás, Sabrina, procura arranjar um casamento para ele, apresentando-lhe uma moça prendada: Nhã-loló. A moça, porém, morre de epidemia. Tempos depois, já deputado, Brás Cubas encontra na Assembleia Lobo Neves e Virgília, que já perdeu aquela beleza de outros tempos.

E o livro conclui: "[...] ao chegar a este outro lado do mistério, achei-me com um pequeno saldo, que é a derradeira negativa deste capítulo de negativas: – Não tive filhos, não transmiti a nenhuma criatura o legado de nossa miséria".

Elementos componentes do romance

Como podemos perceber pelo enredo, o livro gira em torno de um **drama principal**, ou seja, os amores de Brás Cubas. Para esse ponto convergem todas as outras ações e personagens: Marcela, Eugênia, o pai, os tios, Lobo Neves, D. Plácida, Irmã Sabrina e Nhã-loló.

Há, portanto, uma ação de interesse maior, um foco irradiador, e, concorrendo para a complementação dessa ação, as outras vão se dirigindo para ela, encontrando-se nela, que se torna seu ponto comum.

Observa-se que a unidade do livro é obtida pela área de interesse central, para a qual todas as outras ações convergem.

Outro ponto que favorece a compreensão do romance é estabelecer um traço distintivo entre esse último e o conto:

a) no conto, há apenas um drama;

b) no romance, há um drama central para o qual convergem os demais (dramas secundários).

Nesse sentido, no conto, há unidade dramática e, no romance, pluralidade dramática.

Veja o esquema a seguir:

Conto: unidade dramática
↓
- drama central
- um único drama

Romance: pluralidade dramática
↓
- dramas secundários
- convergência de dramas para o drama central

Tanto no conto como no romance, há certos componentes próprios da narrativa que você conheceu na **parte 1** deste livro:

a) personagens;
b) enredo;
c) foco narrativo;
d) conflito;
e) presença de determinado tipo de discurso (direto; indireto; indireto livre);
f) descrição;
g) tempo;
h) espaço.

No conto, as ações se dão com intensidade, pois esse gênero textual é constituído de unidade dramática de tempo, espaço e ação. Ao contrário do conto, no romance, a preocupação com a análise de cada fato torna o movimento do enredo lento e prolongado. Nele podemos encontrar personagens multifacetadas, analisadas detidamente pelo narrador. Nesse caso, o que se pretende mostrar ao leitor são personagens densas, contraditórias e complexas, como na vida real.

Ao ler um romance, o leitor deve atentar para o tipo de narrador, para a caracterização das personagens (que pode se dar por meio de descrições realizadas claramente pelo narrador e/ou por meio da interpretação de seus comportamentos), para as diversas ações nas quais estão envolvidas e para a maior diversidade de espaços da narrativa.

O autor desse gênero de texto pode ter como finalidade explorar as diferentes características psicológicas das personagens, fazer uma denúncia social, destacar aspectos culturais e morais de determinada sociedade, ou resgatar eventos históricos, entre outras possibilidades.

Produção de Texto

ESCREVA na FICHA

Você já leu algum romance ou a adaptação de uma obra literária? As adaptações, quando benfeitas, são importantes meios de acesso a obras significativas da literatura. Ao tomar conhecimento da história por meio da adaptação, algumas pessoas interessam-se imediatamente pelo original, cumprindo assim seu principal objetivo.

Leia o primeiro capítulo do romance *Memórias póstumas de Brás Cubas*, na versão original e na versão adaptada. Tome-os como modelo para a proposta de produção de texto a seguir.

Capítulo I – Óbito do autor

Algum tempo hesitei se devia abrir estas memórias pelo princípio ou pelo fim, isto é, se poria em primeiro lugar o meu nascimento ou a minha morte. Suposto o uso vulgar seja começar pelo nascimento, duas considerações me levaram a adotar diferente método: a primeira é que eu não sou propriamente um autor defunto, mas um defunto autor, para quem a campa foi outro berço; a segunda é que o escrito ficaria assim mais galante e mais novo. Moisés, que também contou a sua morte, não a pôs no introito, mas no cabo: diferença radical entre este livro e o Pentateuco.

Dito isto, expirei às duas horas da tarde de uma sexta-feira do mês de agosto de 1869, na minha bela chácara de Catumbi. Tinha uns sessenta e quatro anos, rijos e prósperos, era solteiro, possuía cerca de trezentos contos e fui acompanhado ao cemitério por onze amigos. Onze amigos! Verdade é que não houve cartas nem anúncios. Acresce que chovia – peneirava – uma chuvinha miúda, triste e constante, tão constante e tão triste, que levou um daqueles fiéis da última hora a intercalar esta engenhosa ideia no discurso que proferiu à beira de minha cova: – "Vós, que o conhecestes, meus senhores, vós podeis dizer comigo que a natureza parece estar chorando a perda irreparável de um dos mais belos caracteres que têm honrado a humanidade. Este ar sombrio, estas gotas do céu, aquelas nuvens escuras que cobrem o azul como um crepe funéreo, tudo isso é a dor crua e má que lhe rói à natureza as mais íntimas entranhas; tudo isso é um sublime louvor ao nosso ilustre finado."

Bom e fiel amigo! Não, não me arrependo das vinte apólices que lhe deixei. E foi assim que cheguei à cláusula dos meus dias; foi assim que me encaminhei para o *undiscovered country* de Hamlet, sem as ânsias nem as dúvidas do moço príncipe, mas pausado e trôpego como quem se retira tarde do espetáculo. Tarde e aborrecido. Viram-me ir umas nove ou dez pessoas, entre elas três senhoras, minha irmã Sabina, casada com o Cotrim, a filha – um lírio-do-vale – e... Tenham paciência! daqui a pouco lhes direi quem era a terceira senhora. Contentem-se de saber que essa anônima, ainda que não parenta, padeceu mais do que as parentas. É verdade, padeceu mais. Não digo que se carpisse, não digo que se deixasse rolar pelo chão, convulsa. Nem o meu óbito era coisa altamente dramática... Um solteirão que expira aos sessenta e quatro anos não parece que reúna em si todos

Cena do filme *Memórias póstumas de Brás Cubas* (2000), com direção de André Klotzel.

os elementos de uma tragédia. E dado que sim, o que menos convinha a essa anônima era aparentá-lo. De pé, à cabeceira da cama, com os olhos estúpidos, a boca entreaberta, a triste senhora mal podia crer na minha extinção.

– "Morto! morto!" dizia consigo.

E a imaginação dela, como as cegonhas que um ilustre viajante viu desferirem o voo desde o Ilisso às ribas africanas, sem embargo das ruínas e dos tempos, – a imaginação dessa senhora também voou por sobre os destroços presentes até às ribas de uma África juvenil... Deixá-la ir; lá iremos mais tarde; lá iremos quando eu me restituir aos primeiros anos. Agora, quero morrer tranquilamente, metodicamente, ouvindo os soluços das damas, as falas baixas dos homens, a chuva que tamborila nas folhas de tinhorão da chácara, e o som estrídulo de uma navalha que um amolador está afiando lá fora, à porta de um correeiro. Juro-lhes que essa orquestra da morte foi muito menos triste do que podia parecer. e certo ponto em diante chegou a ser deliciosa. A vida estrebuchava-me no peito, com uns ímpetos de vaga marinha, esvaía-se-me a consciência, eu descia à imobilidade física e moral, e o corpo fazia-se-me planta, e pedra, e lodo, e coisa nenhuma.

Morri de uma pneumonia; mas se lhe disser que foi menos a pneumonia, do que uma ideia grandiosa e útil, a causa da minha morte, é possível que o leitor me não creia, e todavia é verdade. Vou expor-lhe sumariamente o caso. Julgue-o por si mesmo.

Machado de Assis. *Memórias póstumas de Brás Cubas*. Cotia: Ateliê, 2012.

Memórias póstumas de Brás Cubas
(Versão adaptada do Capítulo I – Óbito do autor)

Escolhido o título, outra dúvida: começaria as Memórias pelo princípio ou pelo fim? Trataria em primeiro lugar do meu nascimento ou da minha morte? Pouco afeito aos usos e costumes no "além", não sabia sequer se deveria assumir a postura de autor defunto ou de defunto autor. Vencida a fase de adaptação, passei a escrever, lembrando da maldita corrente de ar, responsável por tudo.

Meu último dia entre os viventes foi de chuva. Os pingos escorriam pelas vidraças do quarto, transformado em enfermaria. Só não conseguia recordar se a sexta-feira era 13. Ainda que a data não fosse relevante ao meu trabalho, bem que gostaria de saber. Afinal, conforme os supersticiosos, havia muita diferença entre uma sexta-feira qualquer e aquela, que despontava no décimo terceiro dia do temido mês de agosto, envolta nos negros véus de fortes ventos, fazendo as portas baterem e assanhando os gatos pretos nas esquinas.

Embora tivesse trezentos contos de réis no banco, como já foi dito, somente onze amigos se dispuseram a formar o minguado cortejo. Também, com aquela chuva, quem se atrevia a sair de casa?! O décimo primeiro acompanhante, devoto de Nossa Senhora das Metáforas, optou pela despedida solene.

"Este ar sombrio, estas gotas do céu, aquelas nuvens escuras, tudo isso é um sublime louvor ao nosso ilustre finado", disse o orador com voz trêmula de emoção e frio.

Nesse momento entendi, no silêncio do caixão, que eu estava morto de verdade. Irremediavelmente, morto. Cessara o palpitar da vida no meu peito, entre o soluçar das damas e o pigarrear dos homens. Por testemunhas dos meus instantes finais sobre o planeta, só as lúgubres casuarinas, árvores de cemitério.

> Num derradeiro esforço de manter-me ligado aos vivos, tive vontade de saber da minha *causa mortis* – o que acabei não conseguindo. Se um inesperado golpe de ar fora responsável pela doença, é oportuno lembrar que meu estado geral agravou-se, face a uma ideia grandiosa e útil, coisa que insisto em considerar fruto da contradição, mas que se encaixará como luva nesta narrativa.
>
> Machado de Assis. *Memórias póstumas de Brás Cubas*.
> Adaptação de José Louzeiro. São Paulo: Scipione, 1998.

Você também adaptará parte do primeiro capítulo de um romance, mas antes disso leia a **nota do adaptador**, José Louzeiro:

Nota do adaptador

> "A adaptação de um clássico é, antes de tudo, um gesto de admiração pelo escritor, uma tentativa de divulgá-lo para jovens leitores. Adaptar o romance machadiano de minha preferência, lido e relido tantas vezes, foi tarefa árdua, porém muito gratificante. As maiores dificuldades surgiram nos momentos das necessárias elisões, em função de ter de selecionar os elementos romanescos e, também, da atualização de certas palavras e até de expressões inteiras. [...] Na verdade, o processo de redução terminou sendo a leitura mais aprofundada que já fiz das *Memórias póstumas de Brás Cubas*, marco do Realismo no Brasil."
>
> Machado de Assis. *Memórias póstumas de Brás Cubas*. Nota do adaptador de José Louzeiro.
> São Paulo: Scipione, 1998.

Observe que, para alcançar um bom resultado no trabalho de adaptação, é fundamental realizar uma leitura aprofundada da obra, como foi dito na nota anterior.

Assim, antes de iniciar um trabalho de adaptação, leia algumas sugestões que poderão ajudá-lo nessa tarefa:

a) leia várias vezes o texto;

b) selecione os trechos considerados mais difíceis e busque interpretá-los;

c) selecione os trechos que não farão parte da versão adaptada;

d) sugira mudanças de expressão e de termos a fim de facilitar a compreensão do público a que se destina o trecho;

e) faça uma apreciação do trabalho com a linguagem, evitando substituir ou retirar trechos cujo valor estilístico seja importante para o entendimento do leitor;

f) ao propor novas expressões, lembre-se de empregar a norma-padrão, considerando, no entanto, que a linguagem precisa ser acessível ao leitor;

g) evite gírias ou termos inadequados ao objetivo deste trabalho.

PARTE 2

Gêneros da narrativa — **Capítulo 2 – Romance**

FICHA 2

Autor(a): _____

Ano: _____ Data: ____/____/____

Preparação

Escolha o romance que vai adaptar. Leia o romance e, após essa leitura, escolha um capítulo que reúna os elementos enumerados abaixo. Faça uma releitura atenta e aprofundada desse capítulo e releia as orientações para a realização de uma adaptação, apresentadas na página anterior.

a) **Sinopse do enredo:** ao selecionar as informações que vão permanecer e as que serão eliminadas, sublinhe trechos com valor estilístico que permanecerão no resumo.

_____

_____

b) **Personagem principal:** nome e principais características.

_____

_____

c) **Personagens secundárias:** nomes e principais características.

_____

_____

d) **Conflito principal contido no capítulo:** o problema central vivido pela personagem protagonista.

_____

_____

e) **Foco narrativo:** mantenha o que está no texto. Identifique e assinale:

☐ narrador-observador: 3ª pessoa

☐ narrador-personagem: 1ª pessoa

Escrita

Lembre-se de que a linguagem da adaptação precisa estar adequada ao leitor a que ela se destina. O objetivo de seu texto será, portanto, envolver o público juvenil, buscando fazer com que esses jovens se interessem pela história e, quem sabe, pela leitura do original. Para chegar ao texto final, ao selecionar e eliminar informações, você poderá excluir trechos muito descritivos; poderá suprimir até mesmo alguns fatos que considerar menos importantes para o desenvolvimento da trama do capítulo. Bom trabalho!

Revisão

Ao revisar seu texto, considere, entre os itens necessários para realizar uma adaptação, se estão ausentes as informações que você considerou possíveis de serem eliminadas e se os trechos essenciais do capítulo foram mantidos na versão adaptada. Após fazer essa avaliação, dê continuidade à revisão conferindo os itens do Roteiro de revisão e avaliação.

Roteiro de revisão e avaliação

A. Tipologia: a narrativa	☐	Demonstra domínio dos elementos básicos da narrativa, utilizando-os para compor a adaptação do capítulo do romance selecionado?
B. Coerência	☐	Estabelece uma relação lógica entre os elementos do texto, mantendo as informações essenciais do Capítulo 1?
C. Coesão	☐	Emprega elementos linguísticos que dão continuidade ao texto, construindo frases claras com um vocabulário preciso?
D. Adequação à norma-padrão	☐	Demonstra domínio da norma-padrão, respeitando as convenções da escrita (ortografia/acentuação) e as normas gramaticais (pontuação, concordância, regência, colocação), além de usar um nível de linguagem adequado ao público leitor?
E. Edição do texto	☐	Mantém trechos cujo valor estilístico resulta em elemento importante para a fruição do leitor? Escreve com legibilidade, uniformidade de margens e ausência de rasuras?
Total	☐	

Comentários do leitor (professor e/ou colega)

_____
_____
_____
_____
_____
_____
_____
_____

Reescrita e edição final

Na página seguinte, reescreva seu texto para ser apresentado ao leitor (professor e/ou colega).

Com base no Roteiro de revisão e avaliação e nos comentários de quem leu seu texto, reescreva-o e poste-o no *site*: www.editoraibep.com.br/oficinadeescritores.

PARTE 2

Gêneros da narrativa — Capítulo 2 – Romance

FICHA 2

Autor(a): _____

Ano: _____ Data: ____/____/____

		Peso	Nota
A.	Tipologia: narrativa	0 a 2,5	
B.	Coerência	0 a 2,5	
C.	Coesão	0 a 2,5	
D.	Adequação à norma-padrão	0 a 2,5	
	Total		

Comentários:

PARTE 2
Gêneros da narrativa

CAPÍTULO 3
Conto mínimo

Uma das tendências da ficção contemporânea refere-se ao gênero do conto mínimo, que apresenta um limite bem definido de extensão: uma página ou apenas algumas frases.

> O conto mínimo não é o "resumo" do conto tradicional, mas um gênero singular, que utiliza a síntese como uma escolha estética de composição da narrativa. Esse gênero, composto dentro de limites (limite de espaço e de tempo ficcionais, limite de ação na história, limite de personagens, limite de páginas, limite de duração da leitura), apresenta uma singularidade: a concentração de recursos narrativos.

Veja nos dois textos seguintes exemplos de conto mínimo:

TEXTO 1 – Foco narrativo em 3ª pessoa

Nunca se sabe...

Quando descia a rua para o trabalho, velha e cansada, por precaução levava na bolsa os seus dezoito anos que retirava diariamente do fundo da gaveta, muito bem guardados, e colocava entre a carteira de dinheiro e o título de eleitor.

Certa manhã descendo a mesma rua encontrou inesperadamente o primeiro namorado. Abrindo a bolsa retirou de lá a juventude que num instante lhe coloriu o rosto, lustrou o olhar e devolveu-lhe o riso por alguns segundos, voltando rapidamente a guardá-la, tão logo o namorado se afastou sem perceber que ela, velha e cansada, continuava o seu caminho.

Maria Lúcia Simões. *Contos contidos*.
Belo Horizonte: RHJ, 1996.

TEXTO 2 – Foco narrativo em 1ª pessoa

Coágulos

Foi durante o temporal que o vulto me apareceu. Parei o carro e você surgiu atrás das afoitas hastes do para-brisa. Seu rosto saído do nada e aquele ruído nervoso no para-brisa. Você entrou. E o beijo se embebendo do surto celeste. Aí sacudi a cabeça para me libertar de uma espécie de desfalecimento súbito em todo o carro. A atmosfera emudecera: relâmpagos sem trovão, para-brisa sem ruído, palavras virando coágulos. Tudo se desesperou e eu gritei e você gritou e veio a madrugada e o agudo sabor de mais um beijo. Depois foi só estio. E nós, pele e osso, jejuando na bruta calmaria.

João Gilberto Noll. *Folha de S.Paulo*, 15 out. 1998.

Roteiro de Leitura

Nos dois textos, pode-se perceber a presença de alguns recursos narrativos: a rapidez da narração, a descrição sucinta da personagem, a concentração da ação e do conflito, a velocidade no desenvolvimento da história, a mudança repentina de uma ação para outra e os desfechos inesperados, que fazem com que a leitura das histórias traga a impressão de que o leitor esteja assistindo a uma cena teatral.

Ao ler, o leitor pode visualizar encenações imaginárias. Curta e concentrada, a microficção apresenta situações dramáticas intensas, tragédias cotidianas, personagens sem nomes, encarnando tipos comuns. Essas personagens, seres anônimos, assumem categorias sociais diversas, em situações conflituosas iminentes.

A cena fugaz e instantânea nos mostra que o conto mínimo ultrapassa a dureza do cotidiano e transborda a beleza e o inesgotável da vida. O sublime das coisas ínfimas e minúsculas. O êxtase da contemplação.

RESPONDA no CADERNO

- Identifique alguns elementos nos dois textos lidos, respondendo às questões a seguir.

Texto 1

1. Esse conto pode ser considerado uma parte mínima de uma história mais ampla. O texto desenvolve-se em uma contínua polarização entre dois momentos da personagem. Quais seriam esses momentos?

2. A história se concentra em um conflito vivido pela personagem. Qual é esse conflito?

Texto 2

1. Nesse conto, há uma concentração de tempo e espaço. Localize esses elementos no texto.

2. A sequência narrativa apresentada pelo texto pode ser dividida em quatro partes: começo – conflito – clímax – desfecho. Localize essas partes no conto.

3. "Coagulação" é **a passagem de um líquido ao estado sólido**. "Coagular" também pode significar **perda de fluidez**. Explique no contexto do conto o título e a palavra "coágulos" na expressão "palavras virando coágulos".

Produção de Texto

ESCREVA na FICHA

Faça opção entre as duas propostas a seguir.

1. Escolha um conto tradicional e transforme-o em um conto mínimo.

2. Com base no que está apresentado nas crônicas a seguir, selecione uma delas e escreva um conto mínimo.

CRÔNICA 1

A flor de um amor
As rosas de forma lenta acordam

É noite, uma noite de luar que já está se indo, a alvorada avança, e um vasto jardim orvalhado espera impaciente o surgimento do astro rei. A lua vai perdendo brilho, as estrelas apagando e o céu clareando. Já se vê o campo vasto esverdeado. Feito um tapete de multicolorido de flores. Muitos botões de rosas fechados, um cheiro forte, raro e desejado, e de repente o sol surge, num tom amarelado a parecer ouro. As rosas de forma lenta acordam, uma em especial, uma flor rara, tende a demorar a abrir-se para a claridade aurífera do sol. No campo do vasto jardim há flores a perder de vista, sobre elas abelhas já voam, as borboletas riscam com cores diversas tecendo um belo cenário. O sol vai subindo, e a flor? Aquela que ainda não desabrochou? Perde ela a visão magnífica que há muito se desfralda. Por fim, rara flor da Índia, de custoso desabrochar, abre lenta e preguiçosa suas pétalas de um violeta prateado.

Porém antes que contemple tudo a sua volta e maravilhar-se, sente dor profunda, um rápido corte na sua haste. Um jovem apaixonado a oferece a sua amada. É rara, só desabrocha uma vez por ano, vem da Índia e a encomendei para te dar, representa o amor puro e verdadeiro, é o que tenho a te oferecer. A flor sabe, sabe que com alguns dias estará a murchar. A namorada o beija, e até hoje aquela tão especial flor, está entre as folhas de seu diário, marcando, com sua presença, o início de uma grande e feliz paixão.

Bérgson Frota. *Jornal do Leitor*.
Disponível em: <http://www.opovo.com.br/app/jornaldoleitor/noticiassecundarias/cronicas/2013/06/13/noticiajornaldoleitorcronicas,3074126/a-flor-de-um-amor.shtml>. Acesso em: 20 set. 2016.

CRÔNICA 2

História estranha

Um homem vem caminhando por um parque quando de repente se vê com sete anos de idade. Está com quarenta, quarenta e poucos. De repente dá com ele mesmo chutando uma bola perto de um banco onde está a sua babá fazendo tricô. Não tem a menor dúvida de que é ele mesmo. Reconhece a sua própria cara, reconhece o banco e a babá. Tem uma vaga lembrança daquela cena. Um dia ele estava jogando bola no parque quando de repente aproximou-se um homem e... O homem aproxima-se dele mesmo. Ajoelha-se, põe as mãos nos seus ombros e olha nos seus olhos. Seus olhos se enchem de lágrimas. Sente uma coisa no peito.

Que coisa é a vida. Que coisa pior ainda é o tempo. Como eu era inocente. Como os meus olhos eram limpos. O homem tenta dizer alguma coisa, mas não encontra o que dizer. Apenas abraça a si mesmo, longamente. Depois sai caminhando, chorando, sem olhar para trás. O garoto fica olhando para a sua figura que se afasta. Também se reconheceu. E fica pensando, aborrecido: quando eu tiver quarenta, quarenta e poucos anos, como eu vou ser sentimental!

Luis Fernando Verissimo. *Comédias para se ler na escola*.
Rio de Janeiro: Objetiva, 2001.

PARTE 2
Gêneros da narrativa — Capítulo 3 – Conto mínimo

FICHA 3

Autor(a): _____

Ano: _____ Data: ____/____/____

Preparação

Antes de começar a escrever, faça um roteiro da história que você vai contar. Para isso, elabore os itens para planejar seu texto:

a) Sinopse do enredo: resuma em uma frase a história de seu conto.

_____
_____
_____
_____

b) Descrição das personagens:

_____
_____
_____

c) Conflito:

_____
_____
_____

d) Espaço: lugar onde se passa a história.

_____
_____
_____
_____

Escrita

Procure construir um texto que apresente as seguintes partes: começo, conflito, clímax e desfecho. Imprima uma velocidade à narrativa de maneira que a história se condense em uma cena fugaz e instantânea, porém não se esquecendo de mostrar a beleza do instante.

Revisão

Verifique se, ao construir um texto de um gênero necessariamente conciso, articulou adequadamente seus elementos constitutivos. Observe se, ao trabalhar a rapidez da narração, a breve descrição das personagens, a concentração da ação e do conflito, articulou bem, em seu conto mínimo, começo, conflito, clímax e desfecho. Para organizar seu trabalho de revisão, guie-se pelo Roteiro de revisão e avaliação abaixo.

Roteiro de revisão e avaliação

A. Tipologia: a narrativa	☐	O texto emprega os elementos básicos da narrativa para compor o gênero conto mínimo?
B. Coerência	☐	Estabelece uma relação lógica entre os elementos do texto, mantendo-os interligados a um conflito central?
C. Coesão	☐	Emprega elementos linguísticos que dão continuidade ao texto, construindo frases claras com um vocabulário preciso?
D. Adequação à norma-padrão	☐	Demonstra domínio da norma-padrão, respeitando as convenções da escrita (ortografia/acentuação) e as normas gramaticais (pontuação, concordância, regência, colocação)?
E. Edição do texto	☐	Escreve com legibilidade, uniformidade de margens e ausência de rasuras?
Total	☐	

Comentários do leitor (professor e/ou colega)

_____
_____
_____
_____
_____
_____
_____
_____

Reescrita e edição final

Na página seguinte, reescreva seu texto para que ele faça parte da exposição que será realizada em sala com vista à apreciação dos colegas leitores.

Com base no Roteiro de revisão e avaliação e nos comentários de quem leu seu texto, reescreva-o e poste-o no *site*: www.editoraibep.com.br/oficinadeescritores.

PARTE 2
Gêneros da narrativa
Capítulo 3 – Conto mínimo

FICHA 3

Autor(a): _____

Ano: _____ Data: ____/____/____

		Peso	Nota
A.	Tipologia: narrativa	0 a 2,5	
B.	Coerência	0 a 2,5	
C.	Coesão	0 a 2,5	
D.	Adequação à norma-padrão	0 a 2,5	
	Total		

Comentários:

PARTE 2
Gêneros da narrativa

CAPÍTULO 4

Miniconto

Miniconto é "um tipo de narrativa que tenta uma economia máxima de recursos para obter também o máximo de expressividade, o que resulta num impacto instantâneo para o leitor". (*)

A redução extrema de uma história, a ponto de encaixá-la até em um *tweet*, não é algo novo. A internet, no entanto, representou uma forma de expandir essa produção. Nos meios impressos, sempre houve um limite para a quantidade de escrita. Em um livro, o enredo pode se estender por infinitas páginas, porém em um jornal ou revista, as histórias contam com uma quantidade exata de caracteres pré-definida. Com a rede social **Twitter**, por exemplo, que limita as mensagens pessoais para apenas 140 caracteres, os escritores de ficção também se adaptaram e, quanto menor o espaço, mais direta deve ser a narrativa.

Leia os minicontos a seguir:

Tento passar o tempo, mas ele sempre me alcança.

Minicontos. Disponível em: <https://twitter.com/minicontos>.
Acesso em: 13 out. 2016.

E foram felizes para sempre.

Minicontos. Disponível em: <https://twitter.com/minicontos>.
Acesso em: 13 out. 2016.

Pensei agora no gosto do teu beijo.
Doce e proibido.
Desejo talvez que não devesse ter tido.

Contos de Quinta. Disponível em: <https://twitter.com/contosdequinta>.
Acesso em: 13 out. 2016.

Devolveu meu amor em forma de carta,
Rasguei-o feito papel...

Contos de Quinta. Disponível em: <https://twitter.com/contosdequinta>.
Acesso em: 13 out. 2016.

(*) Graça Paulino (et al.). *Tipos de textos, modos de leitura*. Belo Horizonte: Formato Editorial, 2001.

O jantar

De um jeito especial, aprontou o jantar para sua melhor companhia que não vem.

Marcelo Cavalcante. Minicontos. Disponível em: <http://www.minicontos.com.br/?apid=6107&tipo=2&dt=0&wd=&titulo=O%20jantar>. Acesso em: 13 out. 2016.

Curumim

Na pequena cidade ainda não há prédios na periferia e a luminosidade do centro não é forte o suficiente a ponto de ofuscar o brilho das estrelas. Gosto de apreciar aquelas luzes pequeninas que aparecem no céu. E quando o céu fica cheio de estrelas eu vou dormir, sorrindo.

Antonio Miotto. Minicontos. Disponível em: <http://www.minicontos.com.br/?apid=5724&tipo=2&dt=0&wd=&titulo=Curumim>. Acesso em: 13 out. 2016.

Os pesadelos começaram depois que o despertador tocou.

Carlos Antonholi. Minimicrocontos. Disponível em: <http://minimicrocontos.blogspot.com.br/>. Acesso em: 13 out 2016.

Só
Se eu soubesse o que procuro com esse controle remoto...

Fernando Bonassi. *Os cem menores contos brasileiros do século*. Cotia: Ateliê, 2004.

— Eu não te amo mais.
— O quê? Fale mais alto, a ligação está horrível.

Fernando Bonassi. *Os cem menores contos brasileiros do século*. Cotia: Ateliê, 2004.

Atenção dada

Conversei um pouco com aquele menino, que me parecia sozinho no mundo.
Tinha que seguir meu caminho, despedi-me e lhe ofertei vinte reais.
Ele recusou dizendo: obrigado moço, o que você conversou comigo já valeu o encontro. Adeus!

Brasilino Neto. Minicontos. Disponível em: <http://www.minicontos.com.br/?apid=6032&tipo=2&dt=0&wd=&titulo=Aten%E7%E3o%20dada>. Acesso em: 13 out. 2016.

O encanto da Lua...

É madrugada... A Lua ilumina o tabuleiro de xadrez que repousa sobre a pequena mesa de madeira, próxima à janela. Aos poucos, as peças despertam... E incentivados pelos mágicos reflexos prateados, Rei e Rainha esquecem o jogo e dançam apaixonadamente...

Vanice Zimerman Ferreira. Minicontos. Disponível em: <http://www.minicontos.com.br/?apid=4494&tipo=2&dt=0&wd=&titulo=O%20Encanto%20da%20Lua...>. Acesso em: 13 out. 2016.

Estações

Conheceram-se na primavera; se amaram no verão;
No outono se casaram; no inverno, separação.

Gilberto Pereira Biscola. Minicontos. Disponível em: <http://www.minicontos.com.br/?apid=3772&tipo=2&dt=0&wd=&titulo=Esta%E7%F5es>. Acesso em: 13 out. 2016.

Encantado

Atravessou florestas, correu em desertos escaldantes, escalou montanhas, enfrentou dragões e feiticeiros terríveis, subiu no quarto mais alto da torre mais alta, para trancar-se e viajar encantado em mais um livro.

Giselly Maria. Minicontos. Disponível em: <http://www.minicontos.com.br/?apid=2982&tipo=2&dt=0&wd=&titulo=Encantado>. Acesso em: 13 out. 2016.

Roteiro de Leitura

No miniconto, não há aprofundamento na análise da personagem: a descrição não passa do essencial para a história ou para aquele pedaço da história. A narração costuma retratar uma ou duas situações e nem sempre há uma conclusão.

Podemos encontrar, então, uma situação de proibição e transgressão ou um combate sem que haja um desfecho claro. Isso deixa o leitor à vontade para preencher esses "espaços em branco" da narrativa da forma que sua imaginação mandar.

Nesse gênero literário, a narração, com o mínimo de palavras possíveis, apresenta todo um contexto e uma ação em torno do pouco que é revelado.

Um dos mais famosos minicontos foi escrito por Augusto Monterroso e se chama "O Dinossauro":

Quando despertou, o dinossauro ainda estava lá.

O leitor deve imaginar, a partir dessa simples frase, os eventos que precedem o acontecimento, assim como as consequências após a descoberta do dinossauro. Com um número pequeno de palavras, há uma expansão de significados que podem ser imaginados pelo leitor.

Produção de Texto

ESCREVA na FICHA

Observe a seguir as orientações de um concurso de minicontos (microcontos). Imagine-se como um participante que produza um texto nesse gênero, seguindo, principalmente, as orientações que destacamos em vermelho.

ABL lança concurso de contos para Twitter

17/03/2010

Com limite de 140 caracteres, produções devem ser enviadas por *e-mail*

Estão abertas as inscrições para o Concurso Cultural de Microcontos do Abletras, da ABL (Academia Brasileira de Letras). O @Abletras é o twitter da ABL. Portanto, os contos devem ter, no máximo, 140 caracteres.

De acordo com o regulamento, que está disponível no *site* da Academia, para participar é necessário ser seguidor do @Abletras.

Daí, basta enviar a produção, até 30 de abril, para o *e-mail* academia@academia.org.br. **O tema é livre** e o *e-mail* deve conter nome, endereço, telefone e identificação no Twitter.

Serão contemplados três microcontos. Para a premiação será levado em consideração o uso correto das normas gramaticais, como coerência, coesão e ortografia. [...]

Universia Brasil. ABL lança concurso de contos para Twitter. Disponível em: <http://noticias.universia.com.br/destaque/noticia/2010/03/17/410580/abl-lana-concurso--contos-twitter.html>. Acesso em: 17 ago. 2016.

Tropinina Olga/Shutterstock

PARTE 2

Gêneros da narrativa — Capítulo 4 – Miniconto

FICHA 4

Autor(a): _____

Ano: _____ Data: ____/____/____

Preparação

Antes de começar a escrever seu miniconto, faça um esboço da história que pretende narrar. Para isso, use o roteiro proposto a seguir. Você pode também, antes de escrever, ler outros minicontos na internet.

a) Sinopse do enredo: resuma em uma frase a história de seu conto.

_____
_____
_____
_____

b) Descrição das personagens:

_____
_____
_____
_____

c) Conflito:

_____
_____
_____

d) Espaço: lugar onde se passa a história.

_____
_____
_____
_____

Escrita

Escreva e reescreva várias vezes o seu texto. Para isso, corte, acrescente e substitua palavras até obter um texto enxuto, preciso e sugestivo. Você pode também escrever várias versões para seu texto – trabalhe com a versão que, em sua opinião, mais se aproxima de seu objetivo.

Revisão

Leia e releia várias vezes seu texto, de preferência em voz alta – isso poderá ajudá-lo a perceber o ritmo das palavras. Para organizar seu trabalho de revisão, guie-se pelo Roteiro de revisão e avaliação abaixo.

Roteiro de revisão e avaliação

A. Tipologia: a narrativa	☐	Seleciona elementos essenciais de uma história capazes de criar um contexto e despertar a imaginação do leitor?
B. Coerência	☐	Estabelece uma relação lógica entre os elementos do texto, mantendo-os interligados a um conflito central?
C. Coesão	☐	Emprega elementos linguísticos que dão continuidade ao texto, construindo frases claras com um vocabulário preciso?
D. Adequação à norma-padrão	☐	Demonstra domínio da norma-padrão, respeitando as convenções da escrita (ortografia/acentuação) e as normas gramaticais (pontuação, concordância, regência, colocação)?
E. Edição do texto	☐	Escreve com legibilidade, uniformidade de margens e ausência de rasuras?
Total	☐	

Comentários do leitor (professor e/ou colega)

_____
_____
_____
_____
_____
_____
_____
_____
_____

Reescrita e edição final

Na página seguinte, reescreva o seu texto para que ele faça parte de um concurso de minicontos que será realizado em sala de aula.

Com base no Roteiro de revisão e avaliação e nos comentários de quem leu seu texto, reescreva-o e poste-o no *site*: www.editoraibep.com.br/oficinadeescritores.

PARTE 2

Gêneros da narrativa — Capítulo 4 – Miniconto

FICHA 4

Autor(a): _____

Ano: _____ Data: ____/____/____

	Peso	Nota
A. Tipologia: narrativa	0 a 2,5	
B. Coerência	0 a 2,5	
C. Coesão	0 a 2,5	
D. Adequação à norma-padrão	0 a 2,5	
Total		

Comentários:

PARTE 2
Gêneros da narrativa

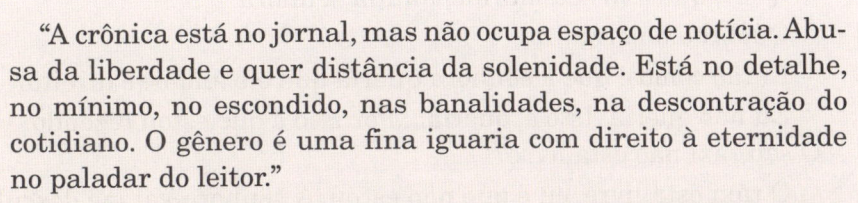

CAPÍTULO 5
Crônica

> "A crônica está no jornal, mas não ocupa espaço de notícia. Abusa da liberdade e quer distância da solenidade. Está no detalhe, no mínimo, no escondido, nas banalidades, na descontração do cotidiano. O gênero é uma fina iguaria com direito à eternidade no paladar do leitor."
>
> Joaquim Ferreira dos Santos (Org.). *As cem melhores crônicas brasileiras.* Rio de Janeiro: Objetiva, 2007.

Leia a crônica a seguir.

TEXTO – Crônica

Um doador universal

Tomo um táxi e mando tocar para o hospital do IPASE. Vou visitar um amigo que foi operado. O motorista volta-se para mim:

— O senhor não está doente e agora não é hora de visita. Por acaso é médico? Ultimamente ando sentindo um negócio esquisito aqui no lombo...

— Não sou médico.

Ele deu uma risadinha:

— Ou não quer dar uma consulta de graça, hein, doutor? É isso mesmo, deixa pra lá. Para dizer a verdade, não tem cara de médico. Vai doar sangue?

— Quem, eu?

— O senhor mesmo, quem havia de ser? Não tem mais ninguém aqui.

— Tenho cara de quem vai doar sangue?

— Para doar sangue não precisa ter cara, basta ter sangue. O senhor veja o meu caso, por exemplo. Sempre tive vontade de doar sangue. E doar mesmo de graça, ali no duro. Deus me livre de vender meu próprio sangue: não paguei nada por ele. Escuta aqui uma coisa, quer saber o que mais? Vou doar meu sangue e é já.

Deteve o táxi à porta do hospital, saltou ao mesmo tempo que eu, foi entrando:

— E é já. Esse negócio tem de ser assim: a gente sente vontade de fazer uma coisa, pois então faz e acabou-se. Antes que seja tarde: acabo desperdiçando esse sangue meu por aí, em algum desastre. Ou então morro e ninguém aproveita. Já imaginou quanto sangue desperdiçado por aí nos que morrem?

— E nos que não morrem – limitei-me a acrescentar.

— Isso mesmo. E nos que não morrem! Esta eu gostei. Está se vendo que o senhor é moço distinto. Olhe aqui uma coisa, não precisa pagar a corrida.

Deixei-me ficar, perplexo, na portaria (e ele tinha razão, não era hora de visitas) enquanto uma senhora reclamava seus serviços:

— Meu marido está saindo do hospital, não pode andar direito...

— Que é que tem seu marido, minha senhora?

— Quebrou a perna.

— Então como é que a senhora queria que ele andasse direito?

— Eu não queria. Isto é, queria... Por isso é que estou dizendo – confundiu-se a mulher: – O seu táxi não está livre?

— O táxi está livre, eu é que não estou. A senhora vai me desculpar, mas vou doar sangue. Ou hoje ou nunca – e gritou para um enfermeiro que ia passando e que nem o ouviu: – Você aí, ô branquinho, onde é que se doa sangue?

Procurei intervir:

— Atenda a freguesa... O marido dela...

— Já sei: quebrou a perna e não pode andar direito.

— Teve alta hoje – acudiu a mulher, pressentindo simpatia.

— Não custa nada – insisti: – Ele precisa de táxi. A esta hora...

— Eu queria doar sangue – vacilou ele: – A gente não pode nem fazer uma caridade, poxa!

— Deixa de fazer uma e faz outra, dá na mesma.

Pensou um pouco, acabou concordando:

— Está bem. Mas então faço o serviço completo: vai de graça. Vamos embora. Cadê o capenga?

Afastou-se com a mulher, e em pouco passava de novo por mim, ajudando-a a amparar o marido, que se arrastava, capengando.

— Vamos velhinho: te aguenta aí. Cada uma!

Ainda acenou para mim de longe, se despedindo.

Fernando Sabino. Um doador universal. In: *As melhores crônicas de Fernando Sabino*. Rio de Janeiro: Record, 1997.

Roteiro de Leitura

RESPONDA ⚬ CADERNO

1. Que fatos comuns do cotidiano aparecem na situação narrada na crônica?
2. Os diálogos do texto ocorrem em um registro mais próximo da linguagem informal. Como esse nível de linguagem se relaciona à situação em que as personagens se encontram?

3. De que modo a organização dos diálogos contribui para dinamizar as cenas que se desenrolam no texto?

A crônica "Um doador universal" apresenta como centro um fato sério e altruísta: doar sangue. Contudo, nas linhas de autoria de Fernando Sabino, há pitadas sutis de humor, em um enredo desenvolvido em dois momentos que subdividem o conflito. O primeiro momento diz respeito à dedução do taxista acerca da identidade e das intenções do passageiro; o segundo apresenta a tensão que se estabelece entre a decisão firme do taxista de doar sangue e a atitude calma e conciliadora do passageiro em relação à necessidade da mulher que solicita uma nova corrida.

O protagonista "um taxista" acaba por conduzir o fio dos diálogos e é para ele, para o conflito por ele vivido, que as ações, as falas, os argumentos e as decisões das personagens se dirigem. A linguagem usada pelo taxista, em sintonia com seu jeito de ser inusitado em relação aos passageiros, cria um clima favorável, não apenas à construção do humor do texto, mas à reflexão do leitor acerca do comportamento humano, dos diferentes perfis de pessoas, da variedade de opiniões, reações e posturas diante da vida. As situações apresentadas na trama acabam por indicar a natureza do próprio gênero crônica: uma narrativa que tem como uma das marcas principais a apresentação de fatos do cotidiano.

Por tratarem, em geral, de fatos atuais e cotidianos, muitas crônicas escritas há algum tempo acabam por se distanciar um pouco da realidade em que o leitor atual encontra-se inserido; ainda assim, esses textos trazem em suas histórias ideias, reflexões, polêmicas e fatos que permitem ao leitor tanto a reflexão e a análise crítica da realidade quanto o entretenimento e a fruição literária. A linguagem da crônica também pode variar de acordo com os propósitos comunicativos do texto, embora, em geral, o nível de linguagem predominante seja o informal, coloquial.

O gênero crônica nasceu, originalmente, no jornal, pois era nesse veículo que essas histórias eram publicadas. Hoje, podemos encontrar crônicas em livros (coletâneas), revistas, jornais impressos ou eletrônicos. Em publicações diárias, costuma-se priorizar crônicas relativas a assuntos atuais. No entanto, entre as crônicas recentes ou antigas, há aquelas que giram em torno de temas universais. No universo que corresponde a esse gênero textual, há crônicas mais densas e reflexivas e outras que, sem banalizar o assunto, abordam com leveza os temas mais triviais, como é o caso da que você acabou de ler.

Produção de Texto

ESCREVA na FICHA

Os textos a seguir são de dois gêneros diferentes: uma crônica e um poema. No entanto, eles se referem a um mesmo gênero, a notícia, e registram em seus títulos a expressão **notícia de jornal**.

Você vai produzir, na ficha, uma **crônica**. Antes de escrevê-la, leia os dois textos. Em seguida, pesquise notícias que tratem dos mais diversos assuntos, veiculadas nos meios de comunicação no dia a dia. Depois, eleja algo que você deseja abordar na sua crônica, levando em consideração que fatos relatados em notícias podem inspirar autores de outros gêneros textuais.

TEXTO 1 – Crônica

Notícia de jornal

Leio no jornal a notícia de que um homem morreu de fome. Um homem de cor branca, trinta anos presumíveis, pobremente vestido, morreu de fome, sem socorros, em pleno centro da cidade, permanecendo deitado na calçada durante setenta e duas horas, para finalmente morrer de fome.

Morreu de fome. Depois de insistentes pedidos de comerciantes, uma ambulância do Pronto-Socorro e uma radiopatrulha foram ao local, mas regressaram sem prestar auxílio ao homem, que acabou morrendo de fome.

Um homem morreu de fome. O comissário de plantão (um homem) afirmou que o caso (morrer de fome) era da alçada da Delegacia de Mendicância, especialista em homens que morrem de fome. E o homem morreu de fome. O corpo do homem que morreu de fome foi recolhido ao Instituto Médico Legal sem ser identificado. Nada se sabe dele, senão que morreu de fome.

Um homem morre de fome em plena rua, entre centenas de passantes. Um homem caído na rua. Um bêbado, um vagabundo. Um mendigo, um anormal, um tarado, um pária, um marginal, um proscrito, um bicho, uma coisa – não é um homem. E os outros homens cumprem seu destino de passantes, que é o de passar. Durante setenta e duas horas todos passam, ao lado do homem que morre de fome, com um olhar de nojo, desdém, inquietação e até mesmo piedade, ou sem olhar nenhum. Passam, e o homem continua morrendo de fome, sozinho, isolado, perdido entre os homens, sem socorro e sem perdão.

Não é da alçada do comissário, nem do hospital, nem da radiopatrulha, por que haveria de ser da minha alçada? Que é que eu tenho com isso? Deixa o homem morrer de fome.

E o homem morre de fome. De trinta anos presumíveis. Pobremente vestido. Morreu de fome, diz o jornal. Louve-se a insistência dos comerciantes, que jamais morrerão de fome, pedindo providências às autoridades. As autoridades nada mais puderam fazer senão remover o corpo do homem. Deviam deixar que apodrecesse, para escarmento dos outros homens. Nada mais puderam fazer senão esperar que morresse de fome.

E ontem, depois de setenta e duas horas de inanição, tombado em plena rua, no centro mais movimentado da cidade do Rio de Janeiro, um homem morreu de fome.

Morreu de fome.

Fernando Sabino. Notícia de jornal. In: *As melhores crônicas de Fernando Sabino*. Rio de Janeiro: Record, 1997.

TEXTO 2 – Poema

Poema tirado de uma notícia de jornal

João Gostoso era carregador de feira livre e morava no morro da
                        [Babilônia num barracão sem número

Uma noite ele chegou no bar Vinte de Novembro
Bebeu
Cantou
Dançou
Depois se atirou na lagoa Rodrigo de Freitas e morreu afogado.

Manuel Bandeira. Poema tirado de uma notícia de jornal. In: *Estrela da vida inteira*. Rio de Janeiro: Nova Fronteira, 2008.

PARTE 2

Gêneros da narrativa Capítulo 5 – Crônica

FICHA 5

Autor(a): _____

Ano: _____ Data: ____/____/____

Preparação

Antes de começar a escrever, faça um roteiro. Para isso, observe os itens a seguir ao planejar seu texto:

a) **Fato:** uma síntese do que aconteceu.

_____
_____
_____
_____

b) **Assunto abordado**

_____
_____
_____

c) **Personagens**

_____
_____
_____

d) **Conflito**

_____
_____
_____
_____

Escrita

O fato de a crônica ser uma narrativa que tem como uma das marcas principais a apresentação de fatos do cotidiano não significa que você seja obrigado a fazer uma abordagem mais leve e descontraída, pois também há crônicas mais densas e reflexivas.

Não se esqueça de que, apesar de o nível de linguagem predominante na crônica ser, em geral, o informal, ele pode variar de acordo com os propósitos comunicativos de quem escreve o texto.

Revisão

Observe se, no texto, você tratou de fatos atuais e cotidianos, propiciando ao leitor reflexão e visão crítica da realidade. Verifique se a abordagem pretendida foi alcançada: leve e descontraída ou mais densa e reflexiva. Para organizar seu trabalho de revisão, guie-se pelo Roteiro de revisão e avaliação abaixo.

Roteiro de revisão e avaliação

A. Tipologia: a narrativa	☐	Demonstra domínio dos elementos básicos da narrativa presentes no gênero textual crônica?
B. Coerência	☐	Estabelece uma relação lógica entre os elementos do texto, mantendo-os interligados a um conflito central?
C. Coesão	☐	Emprega elementos linguísticos que dão continuidade ao texto, construindo frases claras com um vocabulário preciso?
D. Adequação à norma-padrão	☐	Demonstra domínio da norma-padrão, respeitando as convenções da escrita (ortografia/acentuação) e as normas gramaticais (pontuação, concordância, regência, colocação)?
E. Edição do texto	☐	Escreve com legibilidade, uniformidade de margens e ausência de rasuras?
Total	☐	

Comentários do leitor (professor e/ou colega)

___
___
___
___
___
___
___
___

Reescrita e edição final

Na página seguinte, reescreva seu texto para que ele faça parte do livro de crônicas que, juntamente com o professor, a turma vai organizar.

Com base no Roteiro de revisão e avaliação e nos comentários de quem leu seu texto, reescreva-o e poste-o no *site*: www.editoraibep.com.br/oficinadeescritores.

PARTE 2

Gêneros da narrativa — Capítulo 5 – Crônica

FICHA 5

Autor(a): _____

Ano: _____ Data: ____/____/____

		Peso	Nota
A.	Tipologia: narrativa	0 a 2,5	
B.	Coerência	0 a 2,5	
C.	Coesão	0 a 2,5	
D.	Adequação à norma-padrão	0 a 2,5	
	Total		

Comentários:

PARTE 3

Revisão de textos

Critérios de revisão e avaliação de textos

Ao revisar seu texto, você se baseou em cinco critérios, nos quais seu leitor também se norteou para fazer uma avaliação.

Nesta terceira parte do livro, será apresentada uma análise de cada um desses critérios:

1. Tipologia textual: narrativa

2. Coerência

3. Coesão

4. Adequação à norma-padrão

5. Edição do texto

PARTE 3
Revisão de textos

CAPÍTULO 1 — Tipologia textual: narrativa

Para avaliar seu texto quanto à tipologia narrativa, você deve observar se nele estão presentes os elementos da estrutura básica dessa tipologia.

Uma narrativa deve conter uma **história** organizada em um **enredo**, na qual **personagens** vivem, no **tempo** e no **espaço**, um **conflito**, relatado por um **narrador**.

História e enredo

A **história** constitui a matéria-prima do texto narrativo, da qual o narrador extrai os fatos. O **enredo**, por sua vez, é a maneira como o narrador organiza os dados fornecidos pela história, criando uma nova realidade. Assim, se, ao compor um texto narrativo, o autor se detiver apenas à sucessão dos fatos, fará apenas um relato do evento ocorrido.

De acordo com a disposição temporal dos fatos, o enredo pode ser **linear** ou **não linear**.

- **Enredo linear:** quando os fatos são apresentados de forma cronológica, obedecendo à própria sequência do tempo físico (isto é, à sequência do tempo do relógio). Nesse tipo de enredo, os fatos são distribuídos fundamentalmente em três momentos: **apresentação**, **conflito** e **desfecho**.

- **Enredo não linear:** quando as ações não obedecem a uma sequência cronológica, desenvolvendo-se de forma descontinuada, com retrospectivas, antecipações, saltos no tempo.

Personagens

Não há história sem personagem. Em torno dela e a partir dela, a história acontece. Para isso, o narrador acompanha a personagem, apresentando ao leitor suas **ações**, **características** físicas e psicológicas, **falas**, **pensamentos** e **sentimentos**.

Tempo

Representa o transcurso das ações da personagem e as mudanças que ocorrem na trama. Ele pode ser **cronológico** ou **psicológico**.

- **Tempo cronológico:** determinado pelo tempo do relógio (horas, dias, anos), revela-se por meio de fatos ocorridos em uma ordem linear (com começo, meio e fim).

- **Tempo psicológico:** associado às emoções e aos sentimentos das personagens, revela-se de maneiras imprecisas, podendo mesclar presente, passado e futuro.

Ambiente (espaço)

Em um texto narrativo, o **ambiente** além de possuir a função de mostrar o espaço físico em que se desenvolve a história, pode apresentar também a projeção do estado emotivo da personagem. Dessa forma, o **ambiente** refere-se não apenas aos locais onde as ações se desenvolvem, mas também aos demais elementos da narrativa, aos quais deve estar integrado.

Conflito

O **conflito** é o elemento decisivo para a organização do enredo. Pode-se defini-lo como um jogo entre forças contrárias.

Todos os elementos da narrativa giram em torno do conflito vivido pela personagem, desencadeado pela presença de um antagonismo básico. Este pode ser representado por uma força externa ou interna que impossibilita o protagonista de realizar seus intentos.

Narrador

A posição a partir da qual o narrador conta os fatos é denominada **foco narrativo**. Para contar a história, o narrador pode assumir dois tipos de foco narrativo:

- **Foco narrativo em 1ª pessoa**: o narrador é uma das personagens envolvidas na história (narrador-personagem).

- **Foco narrativo em 3ª pessoa**: o narrador é um observador dos acontecimentos (narrador-observador); em certa instância, pode até mesmo conhecer o pensamento e os sentimentos das personagens da narrativa (narrador-onisciente).

A escolha do foco narrativo é determinada pelo tipo de conflito que o narrador pretende apresentar.

Avaliação de um texto narrativo

Leia a narrativa a seguir, selecionada como uma das melhores redações do vestibular da Unicamp (2008). Transcrevemos a proposta na qual ela se baseou; se você quiser ler a coletânea de textos que acompanhou essa proposta, consulte a Parte 4 deste volume.

Unicamp (2008)

Trabalhe sua narrativa a partir do seguinte recorte temático:

> O avanço da tecnologia e da ciência médica desmistifica muitos dos preconceitos em torno das doenças. Entretanto, algumas delas, consideradas atualmente problemas de saúde pública, como obesidade, alcoolismo, diabetes, Aids, entre outras, continuam a trazer dificuldades de autoaceitação e de relacionamento social.

Instruções:

1. Imagine uma personagem que receba o diagnóstico de uma doença que é tema de campanhas preventivas.
2. Narre as dificuldades vividas pela personagem no convívio com a doença.
3. Sua história pode ser narrada em primeira ou terceira pessoa.

Do inferno para o céu

Jéssica Marcon Dalcol

Noite serena; o céu, tomado pelas luzes da cidade, as invejava. Queria exibir suas estrelas, mas os pontinhos luminosos lá embaixo não as deixavam aparecer. Um jovem solitário, à janela de um apartamento, observava a lua. Queria pegá-la. Debruçou-se sobre o parapeito e esticou os braços: não a alcançava. Insistiu até sentir a mão deslizar em falso e, assustado pelo perigo da queda, virou as costas para a janela. Deparou-se com um cômodo escuro; apenas um abajur aceso ao centro, proporcionando sombras psicodélicas ao redor. Demônios com as mais diversas faces escondiam-se, corriam, dançavam, enquanto os móveis tomavam formas estranhas. Sentiu o braço arder: era a seringa, há pouco usada a fim de encontrar mais uma vez aquele mundo, ainda espetada nele.

Seus olhos vagavam perdidos em meio àquelas ilusões quando, subitamente, se deparou com o retrato de sua avó – na verdade mãe, pois fora ela quem o criara desde a morte dos pais. Suas feições sorridentes derreteram, convertendo-se numa expressão macabra, de luto. E por que sorriria? Ali era o inferno; a morte envolvia o jovem neto, tomava seu corpo aos poucos com o que nós, mortais, chamamos de vírus. De repente vozes. O jovem, dominado por horror, encolheu-se ao chão e por entre as mechas do seu cabelo negro jogado ao rosto, viu as criaturas demoníacas a encará-lo, dizendo "ninguém mandou usar drogas", "se tivesse ouvido sua avó", "Aids? É merecido, seu drogado! Tá aí seu prêmio por...". "Chega!", gritou o garoto.

Sentia-se cansado. Cansado pela fadiga gerada pela doença, diagnosticada há alguns meses e, principalmente, cansado de sua solidão. Arrependera-se de usar drogas, mas o vício era mais forte que ele e mais forte ainda era o preconceito vivido após contrair Aids. Pagava seus pecados através da doença e suportando os olhares alheios a condená-lo, a contemplar sua desgraça como merecida. E não suportando toda a condenação, recorria à seringa novamente. "Cadê a seringa?" Encontrando-a, injetou novamente a droga. Em sua circulação, condenação e morte corriam juntas.

Agora sim. O mundo já não era tão obscuro, a cabeça não pesava, o coração não se remoía. Vovó sorria. Ele sorria. Os demônios transformavam-se em borboletas multicoloridas e anjos muito brilhantes. "Será que vieram me buscar?" Apesar de todos o condenarem, queria ir para o céu. E por que não iria? É tradição a humanidade atribuir ao doente a culpa de seus males, fazer o inferno aqui e agora, além de garanti-lo para o amanhã, após a morte. Mas e Deus? Seria Ele assim tão mau? Incompreensível? Claro que não! Até lhe enviara anjos! Com certeza o Senhor, criador dos céus e da terra, teria piedade. Teria de ter! Afinal, tirara-lhe os pais, desolara-o e o fizera infeliz. Merecia um céu, enfim. O céu...

Voltou-se novamente à janela, a qual enquadrava o paraíso ali, tão perto. Lembrou-se da namorada, a quem amava tanto. Ela o deixara após saber da doença. Era uma moça tão linda; olhos escuros, lábios grossos. E gostava da lua. Quando fosse para o céu, daria um jeito de lhe enviar a lua numa caixinha de presentes. Quem sabe assim voltasse para ele, quisesse ir para o céu também. Daí poderia até conhecer seus pais! Ah, como eram bons seus pais. Amava-os tanto, tanto. Enfim, depois de tanto tempo, iria os rever.

Debruçou-se novamente sobre a janela. Aquele céu prometia-lhe tantas coisas, tanta felicidade, e até estrelas. Inclinou o corpo à frente. E lá estariam seus pais e até Deus, os quais não o condenariam, o deixariam paz. As mãos deslizaram. Só que dessa vez não foi em falso. Ele foi atrás de seu céu, e seus anjos o seguiram. Era uma noite muito, muito serena.

PARTE 3
Revisão de textos

CAPÍTULO 2

Coerência

Coerência é a relação que se estabelece entre as partes de um texto, criando uma unidade de sentido.

Para ser coerente, uma narrativa deve apresentar um conjunto harmônico cujas partes se solidarizam entre si. Ela deve se organizar a partir do conflito vivido pela personagem. Em torno desse conflito o narrador constrói a história, narrando as ações, comunicando as falas, os sentimentos e os pensamentos, descrevendo as características físicas, psicológicas e o ambiente em que a personagem se encontra. Além de intensificar a atmosfera dramática em que a personagem vive, esses elementos dão ritmo à história, cujo desfecho será o resultado da luta travada entre a personagem e seu conflito.

Dessa forma, ao reler e revisar seu texto, é importante que você considere os seguintes aspectos:

1. **Adequação dos elementos da narrativa**
   a) **Conflito**: elemento responsável pela coerência do texto, em torno do qual gira a história. Observe se os elementos selecionados (ambiente, ações, falas, características físicas e psicológicas, pensamentos e sentimentos das personagens) estão relacionados a ele.
   b) **Foco narrativo**: verifique se as ações, as falas, as características, os pensamentos e os sentimentos narrados estão coerentes com o ponto de vista do narrador.

2. **Adequação ao nível da linguagem**
   As falas devem ser coerentes ao nível de registro linguístico das personagens, ou seja, devem se adequar a seu universo cultural, levando-se em conta sua origem, seu grau de instrução, o ambiente cultural em que estão inseridas, como costumam conversar e o tipo de linguagem própria do local em que se encontram.

3. **Adequação ao título**
   O título, de preferência curto, pode referir-se ao todo da narrativa ou a um detalhe significativo da história que remeta ao todo. É importante que o título seja coerente com a narrativa.

4. **Adequação ao tema proposto**
   Em uma redação de vestibular, um dos itens fundamentais é a adequação da narrativa à proposta. Isso é uma questão de coerência, portanto verifique se seu texto atende a esse aspecto.

A seguir, transcrevemos uma questão do vestibular da Universidade Federal do Paraná que mostra como se dá a relação de coerência em uma sequência de sentenças para que haja entre elas uma unidade de sentido.

UFPR (2010)

Considere as seguintes sentenças:

1. Ainda que os salários estejam cada vez mais defasados, o aumento de preços diminui consideravelmente seu poder de compras.
2. O Governo resolveu não se comprometer com nenhuma das facções formadas no congresso. Desse modo, todos ficarão à vontade para negociar as possíveis saídas.
3. Embora o Brasil possua muito solo fértil com vocação para o plantio, isso conseguiu atenuar rapidamente o problema da fome.
4. Choveu muito no inverno deste ano. Entretanto, novos projetos de irrigação foram necessários.

As expressões grifadas **não** estabelecem as relações de significado adequadas, criando problemas de coerência, em:

a) 2 apenas.
b) 1 e 3 apenas.
c) 1 e 4 apenas.
d) 2, 3 e 4 apenas.
e) 2 e 4 apenas.

PARTE 3
Revisão de textos

CAPÍTULO 3 Coesão

Os elementos linguísticos presentes em um texto – palavras, frases e parágrafos – não estão soltos. Há entre eles uma **ligação** na qual um elemento dá **continuidade** ao outro. A essa costura ou conexão entre esses elementos damos o nome de **coesão**.

Os recursos presentes na língua que cumprem essa função podem ser classificados em três níveis de coesão: **gramatical**, **lexical** e **sintática**. Vamos ao estudo de cada um deles:

Coesão gramatical

Na coesão gramatical, podem-se identificar os três recursos abaixo:
- palavras de referência
- elipse
- palavras de transição

Palavras de referência

São palavras que têm a função de **fazer referência** a outros termos do texto. São elas:

- **Pronomes pessoais:** *eu, tu, ele(a), nós, vós, eles(as), me, te, o(s)* etc.

> **Exemplos:**
> - **André** conseguiu uma ótima pontuação no vestibular. Esse resultado comprova que **ele** se preparou bastante nos últimos meses. (O pronome *ele* faz referência ao termo *André*.)
> - Vi **Marina** ontem. Encontrei-**a** passeando pelo *shopping*. (O pronome *a* retoma a palavra *Marina*.)

- **Pronomes possessivos:** *meu, teu, seu(s), nosso* etc.

> **Exemplo:**
> - O **Hospital Santa Marta** é o melhor da cidade. **Seus** diretores primam pela excelência no atendimento aos pacientes. (O pronome possessivo *seus* refere-se ao termo *Hospital Santa Marta*.)

- **Pronomes demonstrativos:** *este, esse, aquele, isso* etc.

> **Exemplo:**
> - **Anselmo chegou tarde ao encontro, pois queria ver o final do jogo. Isso** deixou Roberta irritada. (O termo *isso* está retomando o fato de Anselmo ter chegado tarde ao encontro porque queria ver o final do jogo.)

- **Pronomes indefinidos:** *algum, nenhum, todo(a), todos(as)* etc.

> **Exemplo:**
> - O fazendeiro pediu que **homens, mulheres e crianças** se organizassem em uma fila. **Todos** obedeceram apreensivos. (O pronome indefinido *todos* retoma os termos *homens, mulheres e crianças*.)

- **Pronomes relativos:** *que, o qual, onde, quem* etc.

> **Exemplos:**
> - Encontrei muitas **pessoas que** pretendiam fazer o Caminho de Santiago. (O pronome relativo *que* refere-se ao termo *pessoas*.)
> - A **moça** de **quem** falamos ontem está aguardando na sala ao lado. (O pronome relativo *quem* retoma a palavra *moça*.)

- **Advérbios de lugar:** *aqui, aí, lá* etc.

> **Exemplo:**
> - Se pudesse, voltaria para **Itacaré. Lá** encontrei a verdadeira paz. (O advérbio *lá* retoma o termo *Itacaré*.)

Elipse

Caracteriza-se pela omissão de uma palavra facilmente identificável pelo contexto, não comprometendo, dessa forma, a clareza do texto.

> **Exemplos:**
> - **Mônica** fez o relatório de vendas e ao mesmo tempo **conversou** por telefone com um cliente. (Em vez de: *Mônica* fez o relatório de vendas e ao mesmo tempo *Mônica conversou* por telefone com um cliente.)
> - O **diretor financeiro** foi o primeiro a chegar à reunião. **Impaciente, perguntou pelos acionistas da empresa.** (Em vez de: O *diretor financeiro* foi o primeiro a chegar à reunião. Impaciente, o *diretor financeiro* perguntou pelos acionistas da empresa.)

Palavras de transição

São palavras que fazem a transição entre orações, frases ou parágrafos, estabelecendo relações de sentido. Pertencem às seguintes classes gramaticais: preposições, conjunções, advérbios e locuções adverbiais. De acordo com a progressão e o contexto em que são empregadas, adquirem o valor de palavras de transição. Vamos estudar um pouco mais detalhadamente cada uma delas:

- **Preposições:** palavras que servem para ligar termos, estabelecendo entre eles uma relação de sentido. Algumas preposições: *após, com, de, desde, em, para, sem* etc.

Exemplos:

- Clara conseguiu abrir a fechadura da porta **com** um grampo. (Relação de instrumento.)
- Passei dias muito agradáveis **com** meus primos. (Relação de companhia.)
- Preciso devolver o livro **de** Bárbara. (Relação de posse.)
- A aeromoça respondeu que o avião decolaria **em** dez minutos. (Relação de tempo.)
- A menina falava **aos** gritos que queria sair do carro. (Relação de modo.)

- **Conjunções**: palavras responsáveis pela ligação entre orações de um período composto ou entre termos de mesmo valor sintático. São um importante fator de coerência, uma vez que contribuem para a construção do sentido dos períodos. Algumas conjunções:

e, nem, se, mas, porém, contudo, não obstante, logo, portanto, como etc.

Veja o seguinte exemplo:

A pólvora foi inventada por alquimistas chineses por volta do século 9, **mas** sua primeira referência no Ocidente ocorreu só em 1267. [...]

Revista *Superinteressante*, edição 261. São Paulo: Abril, jan. 2009.

A conjunção *mas*, além de ligar as orações, apresenta a ideia de que a segunda oração está em oposição à ideia da primeira. Veja:

Oração 1: A pólvora foi inventada por alquimistas chineses por volta do século 9.
Oração 2: sua primeira referência no Ocidente ocorreu só em 1267.

Observe o sentido de oposição da oração 2 – o sentido esperado é que o Ocidente use a pólvora logo na sequência dos chineses.

Observe outro exemplo em que a conjunção é empregada para relacionar termos de mesmo valor sintático:

- As pessoas **e** as plantas vivem pouco.

Nessa oração, a conjunção *e* relaciona os termos "pessoas" e "plantas", que exercem a função de núcleo do sujeito composto, expressando uma ideia de adição.

- **Advérbios**: palavras que modificam o sentido do verbo, do adjetivo e do próprio advérbio.

Alguns advérbios: *aí, depois, lamentavelmente* etc.

Exemplo:
- Alex foi ao cinema. **Depois** foi para casa. (O advérbio de tempo *depois* expressa ideia de continuidade.)

- **Locuções adverbiais:** duas ou mais palavras que, juntas, atuam como um advérbio, modificando o sentido de um verbo, adjetivo ou do próprio advérbio. Algumas locuções adverbiais: *em seguida, a seguir, naquele momento, em breve, dessa forma*.

Exemplo:
Ela não conseguiu o empréstimo bancário. **Dessa forma**, terá de buscar outras opções para saldar a dívida. (A locução *dessa forma* complementa o que foi dito anteriormente.)

Coesão lexical

É um recurso linguístico relacionado às significações da palavra. Pode-se conseguir a coesão lexical por meio de vários recursos:

- Repetição de uma mesma palavra ou expressão.

Exemplo:
- "**Grande** no pensamento, **grande** na ação, **grande** na glória, **grande** no infortúnio, ele morreu desconhecido e só." (Rocha Lima)

- Substituição de uma palavra por um sinônimo ou um antônimo.

Exemplo:
- Carla viu um **carro** estacionado em frente ao seu prédio. Pensou que o **veículo** pudesse ser do novo morador.

- Substituição de um nome por outro com o qual mantém uma relação de sentido do geral para o particular (todo-parte ou classe-elemento) ou do particular para o geral (parte-todo ou elemento-classe).

Exemplo:
- Adoro os **gatos**. Esses **felinos** são muito independentes.

Coesão sintática

Pode-se obter a coesão sintática pela repetição de uma mesma estrutura linguística na sequência do texto. Essa repetição é conhecida também pelo nome de **paralelismo sintático**, que consiste no uso de estruturas gramaticais idênticas.

> **Exemplos:**
> - A empatia é uma capacidade sempre bem-vinda: **seja** no ambiente doméstico, **seja** no corporativo. (Repetição da estrutura "seja... seja".)
> - **Não só** as mães devem ouvir a palestra **mas também** os pais. (Emprego da estrutura "não só... mas também".)

Para ilustrar essa "costura" ou coesão entre os elementos de um texto, transcrevemos a seguir uma questão do Enem 2013:

> Gripado, penso entre espirros em como a palavra gripe nos chegou após uma série de contágios entre línguas. Partiu da Itália em 1743 a epidemia de gripe que disseminou pela Europa, além do vírus propriamente dito, dois vocábulos virais: o italiano *influenza* e o francês *grippe*. O primeiro era um termo derivado do latim medieval *influentia*, que significava "influência dos astros sobre os homens". O segundo era apenas a forma nominal do verbo *gripper*, isto é, "agarrar". Supõe-se que fizesse referência ao modo violento como o vírus se apossa do organismo infectado.
>
> RODRIGUES, S. Sobre palavras. *Veja*, São Paulo, 30 nov. 2011.

Para se entender o trecho como uma unidade de sentido, é preciso que o leitor reconheça a ligação entre seus elementos. Nesse texto, a coesão é construída predominantemente pela retomada de um termo por outro e pelo uso da elipse. O fragmento do texto em que há coesão por elipse do sujeito é:

a) "[...] a palavra *gripe* nos chegou após uma série de contágios entre línguas."

b) "Partiu da Itália em 1743 a epidemia de gripe [...]."

c) "O primeiro era um termo derivado do latim medieval *influentia*, que significava 'influência dos astros sobre os homens'."

d) "O segundo era apenas a forma nominal do verbo *gripper* [...]."

e) "Supõe-se que fizesse referência ao modo violento como o vírus se apossa do organismo infectado."

PARTE 3
Revisão de textos

CAPÍTULO 4
Adequação à norma-padrão

Ao concluir seu texto, é muito importante uma revisão cuidadosa para verificar se está adequado à variante linguística da norma-padrão. Para isso, observe se seu texto obedece às regras e às convenções da língua escrita nessa variante quanto à:

- ortografia
- acentuação gráfica
- crase
- pontuação
- concordância verbal

Apresentaremos a seguir os cuidados mais importantes a serem observados em relação a esses aspectos.

Ortografia

Embora a ortografia não seja um aspecto decisivo no sucesso de um texto, tem um peso importante sob o ponto de vista do leitor. Para que um texto seja compreendido com clareza, é fundamental que as palavras sejam escritas de forma adequada, isso é, de acordo com as regras ortográficas.

Tome cuidado, portanto, para não cometer erros crassos de ortografia, que podem comprometer a compreensão de seu texto.

Para isso, sugerimos os seguintes procedimentos:

- Releia o texto atentamente, observando a grafia de todas as palavras.
- Se houver dúvida quanto à grafia de uma palavra:
  – consulte, se houver possibilidade, um dicionário;
  – caso isso não seja possível, evite o uso de palavras de cuja grafia você tenha dúvidas – substitua o termo por um sinônimo ou altere a redação da frase para evitar o uso dessa palavra no texto.

Acentuação gráfica

Para acentuar corretamente, você deve conhecer as regras de acentuação e saber aplicá-las. Apresentamos a seguir um resumo das principais regras.

Pré-requisito: para saber se uma palavra deve ou não ser acentuada, você precisa identificar, em primeiro lugar, a sílaba tônica. De acordo com a posição da sílaba tônica, a palavra é classificada em:

- **oxítona** (última sílaba). Exemplos: *faróis*, *pastéis* etc.
- **paroxítona** (penúltima sílaba). Exemplos: *estância*, *história* etc.
- **proparoxítona** (antepenúltima sílaba). Exemplos: *sarcástico*, *mágico* etc.

Se tomarmos como base o conjunto das palavras da língua portuguesa, um número reduzido de vocábulos são acentuados. O princípio básico na formulação das regras de acentuação é o da **menor ocorrência**. Assim:

1. **São acentuadas todas as palavras proparoxítonas:** no universo da língua, há poucas palavras cujo acento recai na antepenúltima sílaba. Exemplos: *matemática*, *república*, *fôlego*, *fenômeno*, *recôndito*.

2. **São acentuadas as palavras oxítonas terminadas por A, E, O:** a maioria das palavras terminadas com essas vogais são paroxítonas. Exemplos: *fubá*, *café*, *vovô*, *vovó*.

3. **São acentuadas as palavras paroxítonas terminadas por L, I(S), N, U(S/M), R, X, Ã, ÃO** (para memorizar essas terminações, pense na expressão "linurxão"): a maioria das palavras terminadas por essas letras são oxítonas.

4. **São acentuadas as palavras paroxítonas terminadas por ditongo crescente**, ou seja, formado por semivogal + vogal (*ia*, *ua* etc.). Exemplos: *história*, *série*, *pátio*, *inócuo*, *rádio*, *tênue* etc.

Essas quatro regras atendem à maioria das palavras que são acentuadas na língua portuguesa. Veja a seguir alguns procedimentos para acentuar corretamente.

- Leia e observe com muita atenção as palavras acentuadas. Isso o ajudará gradativamente a memorizar a forma gráfica dessas palavras.
- Ao escrever e, sobretudo, ao revisar o texto, se tiver dúvidas quanto à acentuação de uma palavra, consulte uma gramática ou um dicionário. A pesquisa em um dicionário o ajudará também na memorização da escrita correta da palavra.
- Procure escrever a palavra com seu respectivo acento. Isso criará em você um automatismo na forma de escrever a palavra acompanhada de seu acento.

Crase

O acento grave (`) indica a crase, que é a fusão do artigo feminino **a(s)** com a preposição **a** ou o fonema inicial das palavras *aquele(a)*, *aquilo*.

Para usar corretamente esse acento grave, você deve verificar se ocorre a presença simultânea da preposição **a** e do artigo **a(s)**. Para isso, sugerimos os procedimentos a seguir.

Vamos supor que você queira saber se deve usar o acento indicativo de crase nas palavras destacadas nas frases seguintes:

- Refiro-me **a** diretora.
- Conheço **a** diretora.
- Cheguei **a** escola.

1. Para saber se **a**, nesses casos, é apenas preposição ou artigo, troque o termo que vem depois por um nome masculino:

- Refiro-me **ao** diretor.
- Conheço **o** diretor.
- Cheguei **ao** colégio.

Esse mecanismo de substituição lhe permitirá saber quais verbos das frases apresentadas pedem a preposição **a** (*Referir-se **a** ...; chegar **a** ...*).

2. Para saber se o nome que vem depois pede artigo **a** ou **as**, inicie uma frase qualquer com ele. Exemplos:

- **A** *diretora* estará presente na reunião.
- **A** *escola* será reformada.

Esse mecanismo lhe permitirá saber que os nomes *escola* e *diretora* pedem o artigo *a*.

Com base nesses dois mecanismos de substituição, você pode constatar a presença ou a ausência de crase e concluir se deve ou não usar o acento grave para indicá-la. Então, as frases deverão ser grafadas desta maneira:

- Refiro-me **à** diretora.
- Conheço **a** diretora.
- Cheguei **à** escola.

Se você estiver em dúvida se deve usar ou não o acento indicativo de crase, prefira errar pela ausência a errar pela presença desse sinal. Para isso, procure lembrar-se dos casos em que obrigatoriamente não será usado o acento indicativo de crase pela ausência do artigo. Veja os casos no quadro abaixo.

Não se usa o acento indicativo de crase diante de:

- **palavras masculinas**. Exemplo: Andar **a pé**.
- **verbos**. Exemplo: Começou **a chover**.
- **pronomes pessoais**. Exemplo: Disse **a ela**.
- **pronomes de tratamento**. Exemplo: Informo **a Vossa Senhoria** que o acordo foi cancelado.
- **pronomes demonstrativos** *esta/essa*. Exemplo: Refiro-me **a esta** festa.
- **artigo indefinido, pronome indefinido**. Exemplo: Refiro-me **a uma** (**certa**, **qualquer**...) pessoa.
- **nome de cidade**. Exemplo: Bem-vindo **a Maresias**.

Pontuação

Vírgula

O uso da vírgula depende, muitas vezes, da forma como a frase é construída.

1. Entre termos da oração

Se você colocar os termos na ordem direta, não deve empregar a vírgula. Exemplo:

- O professor comentou o filme durante a aula.

Se você inverter essa ordem, deverá usar a vírgula para marcar o deslocamento de um termo. Exemplos:

> - **Durante a aula,** o professor comentou o filme.
> - O professor comentou, **durante a aula,** o filme.
> - **O filme,** o professor o comentou durante a aula.

A **inversão** de um termo justifica a maior ocorrência do uso da vírgula. Além disso, é importante saber que se usa a vírgula para:

a) Separar palavras que têm a mesma função.
Exemplos:

> - **Os alunos, os professores, os funcionários e os pais** foram convocados para a reunião.
> - A diretoria exigiu o comparecimento **dos alunos, dos professores, dos funcionários e dos pais**.

b) Isolar o adjunto adverbial que é colocado antecipadamente. Veja as seguintes frases:

> - A menina não quis saber de mim **depois da minha fala.**
> - **Depois da minha fala,** a menina não quis saber de mim.

Note que o adjunto adverbial de causa "Depois da minha fala" foi deslocado na segunda oração para o início do período. Por esse motivo, ele é separado do restante da oração por vírgula.

c) Separar vocativo, expressões de pedido etc. do restante da oração. Observe os seguintes exemplos:

> - **Por favor,** não fale de carros! (expressão de pedido)
> - **Roberto,** não fale de carros! (vocativo)

2. Entre orações

a) Usa-se a vírgula para separar as orações coordenadas. Exemplos:

> - Cruzou as pernas, estalou as unhas, demorou o olhar em Marina.
> - Correu o trinco devagarinho, mas logo se arrependeu.

b) Não se usa vírgula para separar a oração substantiva da oração principal. Exemplos:

> • **É possível** que os feirantes concordem com a proposta.
> • **Informamos a Vossa Senhoria** que a reunião foi transferida.

c) Usa-se a vírgula para separar as orações adjetivas explicativas. Exemplo:

> • Até Marina, **que é a melhor aluna da turma**, não quis participar da Olimpíada de Matemática.

d) É facultativo o uso da vírgula para separar a oração adverbial colocada depois da principal. Veja os períodos:

> • **Não concluiu a pesquisa** porque lhe faltavam recursos.
> • **Não concluiu a pesquisa,** porque lhe faltavam recursos.

e) É obrigatório o uso da vírgula para separar a oração adverbial colocada antes da principal. Exemplo:

> • **Se o tivesse amado,** talvez o odiasse agora.

Travessão e aspas

1. O travessão e as aspas são usados com maior frequência para reproduzir as palavras textuais de uma personagem ou de uma pessoa.

a) No texto narrativo, predomina o uso do travessão para indicar o início da fala direta da personagem. Entretanto, há autores que preferem as aspas para indicar a fala direta.

• Exemplo 1 (Travessão para indicar fala da personagem):

> [...] Nisso, a jovem fada, que se escondera atrás da porta, surgiu e disse em voz alta, dirigindo-se ao rei e à rainha:
> – Sossegai, majestades, que a princesinha não morrerá. [...]
>
> Charles Perrault. *Contos de fadas*. Tradução de Monteiro Lobato. São Paulo: Companhia Editora Nacional, 2007.

• Exemplo 2 (Aspas para indicar fala da personagem):

> Ator e atriz discutem uma ideia para uma peça. Ela começa:
> "Ele acorda todos os dias de manhã e pensa no quê? Hoje, vou encontrar a mulher da minha vida? Companheira, bonita, inteligente, divertida, fiel... É, porque, para um homem, ser fiel é das primeiras exigências, não é?
>
> Marcelo Rubens Paiva. *O homem que conhecia as mulheres*. Rio de Janeiro: Objetiva, 2007.

b) No texto informativo (notícia, reportagem etc.), usam-se as aspas para reproduzir as palavras textuais de uma pessoa. Veja o exemplo:

> A menina de 17 anos nasceu na Austrália e mudou-se com os pais para o Brasil quando tinha 3 anos. Hoje, mora numa espécie de vila megaecológica, chamada Ipec (Instituto de Permacultura e Ecovilas do Cerrado), que fica em Pirenópolis (GO). "Vivemos de forma equilibrada com o meio ambiente, isso vai além de não jogar lixo na rua. Temos uma estrutura que permite a reposição de tudo o que usamos da natureza", diz.
>
> Karolina Ribeiro. Revista *Capricho*, 12 dez. 2008.
> São Paulo: Abril, 2008.

2. O travessão pode ser usado também para destacar frases ou expressões explicativas. Nesse caso, substitui os parênteses ou as vírgulas. Observe o exemplo:

- De acordo com a diretora, a prefeitura ainda não liberou a verba para o reparo – o conserto do telhado avariado da escola –, o que acarretará a suspensão das aulas por período indeterminado.

3. As aspas são usadas também para assinalar palavras estrangeiras, termos de gíria, títulos de obras, mudança de registro linguístico. Exemplo:

- Por favor, antes de sair, não esqueçam de fazer um "*backup*" dos arquivos!

Concordância verbal

A **concordância verbal** trata das alterações do verbo para se adaptar ao seu sujeito. Veja o seguinte exemplo:

> O brasileiro já não engole sapos facilmente, mas os abusos continuam e o Governo promete uma nova ação: o cadastro nacional de reclamações.
>
> *IstoÉ*, n. 1636.

Observe, no quadro a seguir, que a estrutura do período obedece à regra básica de concordância verbal:

Sujeito	Verbo
O brasileiro	engole
os abusos	continuam
o Governo	promete

Regra básica da concordância verbal: o verbo concorda com o sujeito em número e pessoa.

Agora, observe a seguinte frase e como pode ser estruturada:

Sujeito	Verbo
As pálpebras	funcionam
3ª pessoa do plural	3ª pessoa do plural

- As pálpebras funcionam como se fossem limpadores de para-brisas.

Para uma correta concordância do verbo, você deve identificar o sujeito, o núcleo do sujeito e a posição que ele ocupa na frase (antes ou depois do verbo). Observe:

a) **Sujeito antes do verbo**

- Exemplo: As primeiras **cédulas** de plástico **começaram** a circular nessa segunda-feira.

b) **Sujeito depois do verbo**

- Exemplo: **Começaram** a circular nessa segunda-feira as primeiras **cédulas** de plástico.

Os erros mais frequentes de concordância ocorrem em três casos:

a) **Sujeito depois do verbo**

- Errado: **Está marcado** para o próximo dia 22 **grandes manifestações populares**.
- Certo: **Estão marcadas** para o próximo dia 22 **grandes manifestações populares**.

b) **Núcleo do sujeito distante do verbo**

- Errado: **O desgaste** provocado pelo calor e pelos jogos de ontem **podem tirar** dois dos jogadores escalados para a partida de dupla.
- Certo: **O desgaste** provocado pelo calor e pelos jogos de ontem **pode tirar** dois dos jogadores escalados para a partida de dupla.

c) **Núcleo do sujeito no singular seguido de expressão preposicionada no plural:** o erro nesse caso é concordar com a expressão preposicionada.

- Errado: O segundo **lote** residual de restituições do Imposto de Renda deste ano **estão disponíveis** para consulta desde ontem.
- Certo: O segundo **lote** residual de restituições do Imposto de Renda deste ano **está disponível** para consulta desde ontem.

PARTE 3
Revisão de textos

CAPÍTULO 5

Edição do texto

Entende-se por **edição**, nesta obra, a legibilidade e a distribuição do texto na página. São os aspectos gráficos (letra, paragrafação, margens etc.) que ajudam a dar legibilidade ao texto. Muitas vezes, em um texto manuscrito, o leitor pode não conseguir entender o que você, como autor, escreveu porque não consegue ler, dado que o texto está parcial ou totalmente ilegível.

Para a edição final de um texto manuscrito, são importantes os seguintes aspectos:

- Letra legível
- Indicação de parágrafos
- Margens regulares
- Ausência de rasuras
- Padronização dos destaques

Vamos, agora, estudar cada um deles.

Letra legível

O problema central da letra, em um texto manuscrito, é a ilegibilidade. Para ser eficiente na comunicação, a letra tem de ser legível e não necessariamente "bonita".

Pode ser considerada letra legível aquela que um leitor consegue ler, sem precisar reler ou deduzir o que está escrito.

A letra pode ser ilegível pelos motivos a seguir:

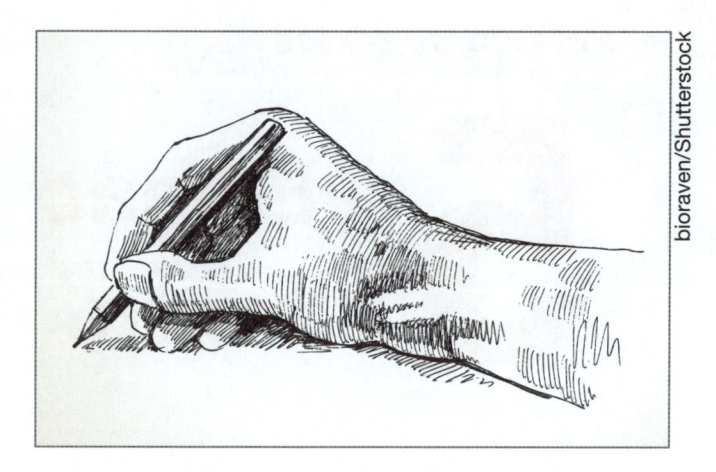

- **Desenho incorreto.** A maneira como se escrevem as letras faz parte de uma convenção social que deve ser respeitada.

- **Espaçamento inadequado.** A letra, muitas vezes, se torna ilegível porque há entre as letras de uma palavra:
  - um espaço muito grande. Nesse caso, o leitor terá dificuldade de ler a palavra e também de saber quando uma palavra termina e começa a outra;
  - um espaço muito pequeno. Nesse caso, as letras quase se sobrepõem umas às outras, dificultando a leitura.

- **Tamanho inapropriado.** A dificuldade de leitura de um texto manuscrito é decorrente muitas vezes do tamanho desproporcional das letras. Ou o autor do texto escreve letras muito grandes, preenchendo todo o espaço da linha, ou escreve letras tão pequenas que não é possível lê-las.

Letra manuscrita ou "letra de forma"?

Em princípio, não há motivos para qualquer restrição quanto ao formato da letra. Deve-se observar, no entanto, que a chamada "letra de forma" – que imita a letra impressa – não distingue em alguns casos a minúscula da maiúscula e, dependendo também de como é escrita, apresenta dificuldade de leitura. Por esse motivo, sugere-se o uso da letra manuscrita.

Indicação de parágrafo

O **parágrafo** é uma unidade de composição, formada por uma ou mais frases relacionadas a uma ideia central. A divisão em parágrafos é vantajosa:

- para o escritor, pois facilita a tarefa de dividir o texto em partes;
- para o leitor, porque permite acompanhar os diferentes estágios do desenvolvimento do texto.

Para indicar o começo do parágrafo, faz-se um ligeiro afastamento na margem esquerda. Muitos textos manuscritos apresentam, em relação à indicação do parágrafo, dois tipos de problemas:

- **ausência do afastamento da margem esquerda** na primeira linha do parágrafo;
- **falta de uniformidade** na indicação do começo do parágrafo.

Ao dar redação final ao seu texto, cuide para que a indicação do parágrafo mantenha um espaço uniforme na margem esquerda.

Margens regulares

Ao escrever seu texto definitivo, tenha, em relação às margens, os seguintes cuidados:

- mantenha um pequeno espaço à direita e à esquerda;
- faça margens regulares;
- separe corretamente as sílabas.

Ausência de rasuras

A edição final de um texto deve ser, quanto ao aspecto estético, muito bem cuidada. Além de escrever com letra legível, indicar adequadamente os parágrafos, fazer margens regulares, você deve se preocupar com a ausência de rasuras. A apresentação é seu cartão de visita. Um texto rabiscado e rasurado pode causar no leitor uma impressão negativa.

Para que a edição final de seu texto seja limpa e sem rasuras, é importante fazer todas as alterações que você julgar necessárias no rascunho. Nele poderão ser feitos os acréscimos, os cortes e as rasuras.

Padronização dos destaques

Um texto impresso possui vários recursos gráficos para destacar o título, partes do texto, palavras ou frases. Em um texto manuscrito, são dois os recursos básicos para dar destaque:

- Letra maiúscula.
- Sublinhado.

Observações:

1. Evite usar em demasia a letra maiúscula ou o sublinhado.

2. No corpo do texto, não empregue os dois recursos: ou sublinhe ou use letra maiúscula.

3. Não utilize aspas para destacar uma palavra. As aspas têm outras funções, como indicar citação alheia, fala da personagem, palavras ou expressões irônicas, termos ou expressões populares.

PARTE 4

A narrativa no vestibular

1. Tipologia: narrativa

2. Gêneros da narrativa

PARTE 4
A narrativa no vestibular

CAPÍTULO 1
Tipologia: narrativa

1. Unicamp (2009)

Apresentação da Coletânea

De acordo com a época e a cultura, o homem se relaciona de diferentes formas com os animais. Essa relação tem sido motivo de intenso debate, principalmente no que diz respeito à responsabilidade do homem sobre a vida e o bem-estar das demais espécies do planeta.

Coletânea

> **1** O fundamento jurídico para a proteção dos animais, no Brasil, está no artigo 225 da Constituição Federal, que incumbe o Poder Público de "proteger a fauna e a flora, vedadas, na forma da lei, as práticas que coloquem em risco sua função ecológica, provoquem a extinção das espécies ou submetam os animais à crueldade". Apoiada na Constituição, a Lei 9.605, de 1998, conhecida como Lei de Crimes Ambientais, criminaliza a conduta de quem "praticar ato de abuso, maus-tratos, ferir ou mutilar animais silvestres, domésticos ou domesticados, nativos ou exóticos". Contudo, perguntas inevitáveis surgem: como o Brasil ainda compactua, em meio à vigência de leis ambientais avançadas, com tantas situações de crueldade com os animais, por vezes aceitas e legitimadas pelo próprio Estado? Rinhas, farra do boi, carrocinha, rodeios, vaquejadas, circos, veículos de tração, gaiolas, vivissecção (operações feitas em animais vivos para fins de ensino e pesquisa), abate, etc. – por que se mostra tão difícil coibir a ação de pessoas que agridem, exploram e matam os animais? (Adaptado de Fernando Laerte Levai, Promotoria de Defesa Animal. <www.sentiens.net>, 04/2008.)

> **2** A Câmara Municipal do Rio de Janeiro aprovou, no início de 2008, uma lei que, se levada à prática, obstruiria uma parte significativa da pesquisa científica realizada na cidade por instituições como a Fundação Oswaldo Cruz (Fiocruz), as universidades federal e estadual do Rio de Janeiro e o Instituto Nacional do Câncer (Inca). De autoria do vereador e ator Cláudio Cavalcanti, um destacado militante na defesa dos direitos dos animais, a lei tornou ilegal o uso de animais em experiências científicas na cidade. A comunidade acadêmica reagiu e mobilizou a bancada de deputados federais do Estado para ajudar a aprovar o projeto de lei conhecido como Lei Arouca. A lei municipal perderia efeito se o projeto federal saísse do papel. Paralelamente, os pesquisadores também decidiram partir para a desobediência e ignorar a lei municipal. "Continuaremos trabalhando com animais em pesquisas cujos

protocolos foram aprovados pelos comitês de ética", diz Marcelo Morales, presidente da Sociedade Brasileira de Biofísica (SBBF) e professor da Universidade Federal do Rio de Janeiro (UFRJ), um dos líderes da reação dos cientistas. A interrupção do uso de animais geraria prejuízos imediatos com repercussão nacional, como a falta de vacinas (hepatite B, raiva, meningite, BCG e febre amarela), fabricadas, no Rio, pela Fiocruz, pois a inoculação em camundongos atesta a qualidade dos antígenos antes que eles sejam aplicados nas pessoas. "Também é fundamental esclarecer à população que, se essas experiências forem proibidas, todos os nossos esforços recentes para descobrir vacinas contra dengue, Aids, malária e leishmaniose seriam jogados literalmente no lixo", diz Renato Cordeiro, pesquisador do Departamento de Fisiologia e Farmacodinâmica da Fiocruz. Marcelo Morales enumera outros prejuízos: "pesquisas sobre células-tronco no campo da cardiologia, da neurologia e de moléstias pulmonares e renais, lideradas por pesquisadores da UFRJ, e de terapias contra o câncer, realizadas pelo Inca, teriam de ser interrompidas". (Adaptado de Fabrício Marques, Sem eles não há avanço. Revista *Pesquisa Fapesp*, n. 144, 02/2008, p. 2-6.)

3 O Senado aprovou, em 9 de setembro de 2008, o projeto da Lei Arouca, que estabelece procedimentos para o uso científico de animais. A matéria vai agora à sanção presidencial. A lei cria o Conselho Nacional de Controle de Experimentação Animal (CONCEA), que será responsável por credenciar instituições para criação e utilização de animais destinados a fins científicos e estabelecer normas para o uso e cuidado dos animais. Além de credenciar as instituições, o CONCEA terá a atribuição de monitorar e avaliar a introdução de técnicas alternativas que substituam o uso de animais tanto no ensino quanto nas pesquisas científicas. O CONCEA será presidido pelo Ministro da Ciência e Tecnologia e terá representantes dos Ministérios da Educação, do Meio Ambiente, da Saúde e da Agricultura. Dentre outros membros, integram o CONCEA a Sociedade Brasileira para o Progresso da Ciência (SBPC), a Academia Brasileira de Ciências, a Federação de Sociedades de Biologia Experimental (FeSBE), a Federação Nacional da Indústria Farmacêutica e dois representantes de sociedades protetoras dos animais legalmente estabelecidas no país. (Adaptado de Daniela Oliveira e Carla Ferenshitz, Após 13 anos de tramitação Lei Arouca é aprovada. *Jornal da Ciência* (SBPC), <www.jornaldaciencia.org.br>, 09/2008.)

4 Grande parte de nossa sociedade acredita na necessidade incondicional das experiências com animais. Essa crença baseia-se em mitos, não em fatos, e esses mitos precisam ser divulgados a fim de evitar a consolidação de um sistema pseudocientífico. As experiências com animais pertencem – assim como a tecnologia genética ou o uso da energia atômica – a um sistema de pesquisas e exploração que despreza a vida. Um desses mitos é o de que tais experiências possibilitaram o combate às doenças e assim permitiram aumentar a média de vida. Esse aumento, entretanto, deve-se, principalmente, ao declínio das doenças infecciosas e à consequente diminuição da mortalidade infantil, cujas causas foram as melhorias das condições de saneamento, a tomada de consciência em questões de higiene e uma alimentação mais saudável, e não a introdução constante de novos medicamentos e vacinas. Da mesma maneira, os elevados coeficientes de mortalidade infantil no Terceiro Mundo podem ser atribuídos aos problemas sociais, como a pobreza, a desnutrição, e não à falta de medicamentos ou vacinas. Outro mito é o de que as experiências com animais não prejudicam a humanidade. Na realidade, elas é que tornam as atuais doenças da civilização ainda mais estáveis. A esperança da descoberta de um medicamento por meio de pesquisas com animais destrói a motivação das pessoas para tomarem uma iniciativa própria e mudarem significativamente seu estilo de vida. Enquanto nos agarramos à esperança de um novo remédio contra o câncer ou contra as doenças cardiovasculares, nós mesmos – e todo o sistema de saúde – não estamos suficientemente motivados para abolir as causas dessas enfermidades, ou seja, o fumo, as bebidas alcoólicas, a alimentação inadequada, o *stress*, etc. Um último mito a ser destacado é o de que leigos, por falta de conhecimento especializado, não podem opinar sobre experiências com animais. Esse mito proporcionou, durante dezenas de anos, um campo livre para os vivisseccionistas. Deixar que os próprios pesquisadores julguem a necessidade e a importância das experiências com animais é semelhante a deixar que uma associação de açougueiros emita parecer sobre alimentação vegetariana. Não serão justamente aqueles que estão engajados no sistema de experiências com animais que irão questionar a vivissecção! (Adaptado de Bernhard Rambeck, Mito das experiências em animais. *União Internacional Protetora dos animais*, <www.uipa.com.br>, 04/2007.)

5 A violência exercida contra os animais suscita uma reprovação crescente por parte das opiniões públicas ocidentais, que, frequentemente, se torna ainda mais vivaz à medida que diminui a familiaridade com as vítimas. Nascida da indignação com os maus-tratos infligidos aos animais domésticos e de estimação, em uma época na qual burros e cavalos de fiacre faziam parte do ambiente cotidiano, atualmente a compaixão nutre-se da crueldade a que estariam expostos seres com os quais os amigos dos animais, urbanos em sua maioria, não têm nenhuma proximidade física: o gado de corte, pequenos e grandes animais de caça, os touros das touradas, as cobaias de laboratório, os animais fornecedores de pele, as baleias e as focas, as espécies selvagens ameaçadas pela caça predatória ou pela deterioração de seu *habitat*, etc. As atitudes de simpatia para com os animais também variam, é claro, segundo as tradições culturais nacionais. Todavia, na prática, as manifestações de simpatia pelos animais são ordenadas em uma escala de valor cujo ápice é ocupado pelas espécies percebidas como as mais próximas do homem em função de seu comportamento, fisiologia, faculdades cognitivas, ou da capacidade que lhes é atribuída de sentir emoções, como os mamíferos. Ninguém, assim, parece se preocupar com a sorte dos arenques ou dos bacalhaus, mas os golfinhos, que com eles são por vezes arrastados pelas redes de pesca, são estritamente protegidos pelas convenções internacionais. Com relação às medusas ou às tênias, nem mesmo os membros mais militantes dos movimentos de liberação animal parecem conceder-lhes uma dignidade tão elevada quanto à outorgada aos mamíferos e aos pássaros. O antropocentrismo, ou seja, a capacidade de se identificar com não humanos em função de seu suposto grau de proximidade com a espécie humana, parece assim constituir a tendência espontânea das diversas sensibilidades ecológicas contemporâneas. (Adaptado de Philippe Descola, Estrutura ou sentimento: a relação com o animal na Amazônia. *Mana*, vol. 4, n.1, Rio de Janeiro, 04/1998.)

6

Manifestação de militantes da ONG Vegan Staff na 60ª Reunião Anual da Sociedade Brasileira para o Progresso da Ciência (SBPC), <www.veganstaff.org>, 07/2008.

Proposta B

Leia a coletânea e elabore sua narrativa a partir do seguinte recorte temático:

Os movimentos organizados em defesa dos animais têm sensibilizado uma parcela da sociedade, que busca adotar novas condutas, coerentes com princípios de responsabilidade em relação às diversas espécies.

Instruções:

1. Imagine uma personagem que decide mudar de hábitos para ser coerente com sua militância em defesa dos animais.

2. Narre os conflitos gerados por essa decisão.

3. Sua história pode ser narrada em primeira ou terceira pessoa.

2. UEL (2009)

Mais maquiagem chinesa na abertura das Olimpíadas de Pequim 2008. A menina de 9 anos, Lin Miaoke, que se tornou heroína do dia para a noite, na realidade só estava na cerimônia para fazer pose para as câmeras e mexer os lábios. A voz angelical que todos ouviram era, na verdade, de Yang Peiyi, de 7 anos. Ela já havia sido escolhida para se apresentar, mas o governo chinês achou que ela é "gordinha demais e tem os dentes muito tortos". E essa era uma imagem que eles não queriam passar para o mundo, por isso, decidiram substituí-la "por uma mais bonita". (Disponível em: <http://olimpiadas-2008-nem-tudo-o-que-parece.html>. Acesso em: 08 set. 2008.)

(Veja. São Paulo, edição 2019, ano 40, nº 30, 01 ago. 2007, p. 45.)

Com base nos textos anteriores, elabore um texto narrativo cujo tema focalize a máxima: "Nem tudo é o que parece ser".

3. PUC-SP (2009)

Nesta proposta de redação você pode narrar uma história.

O prazer de narrar, de se colocar no papel de um narrador, criar um ou mais personagens e colocá-lo(s) em ação é uma tarefa para os criadores.

Você aqui é o senhor do enredo.

O tempo você escolhe: presente, passado ou futuro, desde que as ações aconteçam em uma noite de apagão total.

O espaço você constrói de acordo com o tempo escolhido.

Logo abaixo você encontra uma sugestão para iniciar seu texto. No final, dê um título a sua história.

Naquela noite tudo se apagou. Nenhuma luz, nenhum movimento, a única cara visível era a do escuro. Ninguém sabia se havia alguma vela disponível. E foi aí que o imprevisto aconteceu...

4. Unicamp (2008)

Apresentação da Coletânea

Um dos desafios do Estado é a promoção da saúde pública, que envolve o tratamento e também a prevenção de doenças. Nas discussões sobre saúde pública, é crescente a preocupação com medidas preventivas. Refletir sobre tais medidas significa pensar a responsabilidade do Estado, sem desconsiderar, no entanto, o papel da sociedade e de cada indivíduo.

Coletânea

1 O capítulo dedicado à saúde na Constituição Federal (1988) retrata o resultado de todo o processo desenvolvido ao longo de duas décadas, criando o Sistema Único de Saúde (SUS) e determinando que "a saúde é direito de todos e dever do Estado" (art. 196). A Constituição prevê o acesso universal e igualitário às ações e serviços de saúde, com prioridade para as atividades preventivas, sem prejuízo dos serviços assistenciais. (Adaptado de "História do SUS" em <www.portal.sespa.pa.gov.br>, 20/08/2007.)

2 Os grandes problemas contemporâneos de saúde pública exigem a atuação eficiente do Estado que, visando à proteção da saúde da população, emprega tanto os mecanismos de persuasão (informação, fomento), quanto os meios materiais (execução de serviços) e as tradicionais medidas de polícia administrativa (condicionamento e limitação da liberdade individual). Exemplar na implementação de política pública é o caso da dengue, que se expandiu e tem-se apresentado em algumas cidades brasileiras na forma epidêmica clássica, com perspectiva de ocorrências hemorrágicas de elevada letalidade. Um importante desafio no combate à dengue tem sido o acesso aos ambientes particulares, pois os profissionais dos serviços de controle encontram, muitas vezes, os imóveis fechados ou são impedidos pelos proprietários de penetrarem nos recintos. Dada a grande capacidade dispersiva do mosquito vetor, *Aedes aegypti*, todo o esforço de controle pode ser comprometido caso os operadores de campo não tenham acesso às habitações. (Adaptado de *Programa Nacional de Controle da Dengue*. Brasília: Fundação Nacional de Saúde, 2002.)

3 Com 800 mil habitantes, o Rio de Janeiro era uma cidade perigosa. Espreitando a vida dos cariocas estavam diversos tipos de doenças, bem como autoridades capazes de promover sem qualquer cerimônia uma invasão de privacidade. A capital da jovem República era uma vergonha para a nação. As políticas de saneamento de Oswaldo Cruz mexeram com a vida de todo mundo. Sobretudo dos pobres. A lei que tornou obrigatória a vacinação foi aprovada pelo governo em 31 de outubro de 1904; sua regulamentação exigia comprovantes de vacinação para matrículas em escolas, empregos, viagens, hospedagens e casamentos. A reação popular, conhecida como Revolta da Vacina, se distinguiu pelo trágico desencontro de boas intenções: as de Oswaldo Cruz e as da população. Mas em nenhum momento podemos acusar o povo de falta de clareza sobre o que acontecia à sua volta. Ele tinha noção clara dos limites da ação do Estado. (Adaptado de José Murilo de Carvalho, "Abaixo a vacina!". Revista *Nossa História*, ano 2, n. 13, novembro de 2004, p. 74.)

4 Atribuir ao doente a culpa dos males que o afligem é procedimento tradicional na história da humanidade. Na Idade Média, a sociedade considerava a hanseníase um castigo de Deus para punir os ímpios. No século XIX, quando a tuberculose adquiriu características epidêmicas, dizia-se que a enfermidade acometia pessoas enfraquecidas pela vida devassa. Com a epidemia de Aids, a mesma história: apenas os promíscuos adquiririam o HIV. Coube à ciência demonstrar que são bactérias os agentes causadores de tuberculose e hanseníase, que a Aids é transmitida por um vírus, e que esses microrganismos são alheios às virtudes e fraquezas humanas. O mesmo preconceito se repete agora com a obesidade, até aqui interpretada como condição patológica associada ao pecado da gula. No entanto, a elucidação dos mecanismos de controle da fome e da saciedade tem demonstrado que engordar ou emagrecer está longe de ser mera questão de vontade. (Adaptado de Dráuzio Varela, "O gordo e o magro". *Folha de S. Paulo*, Ilustrada, 12/11/2005.)

5 "Nós temos uma capacidade razoável de atuar na cura, recuperação da saúde e reabilitação, mas uma capacidade reduzida no campo da promoção e prevenção", disse o então secretário e hoje ministro da Saúde, José Gomes Temporão. O objetivo do governo é aumentar a cobertura nas áreas de promoção da saúde e medicina preventiva. Temporão afirma que as doenças cardiovasculares – como hipertensão arterial e diabetes – são a principal causa de mortalidade, seguidas pelo câncer. Em ambos os casos, "o controle de peso, tabagismo, ingestão de álcool, sedentarismo e hábitos alimentares têm um papel extremamente importante". Por isso, quando o Ministério atua "na educação, informação, prevenção e promoção da saúde, está evitando que muitas pessoas venham a adoecer". (Adaptado de Alessandra Bastos, "Programas assistenciais podem 'desfinanciar' saúde" em <www.agenciabrasil.gov.br/notícias>, 15/09/2006.)

6 Apesar das inúmeras campanhas, estima-se que cerca de 30 milhões de brasileiros sejam fumantes. Segundo o Instituto Nacional do Câncer, mais de 70 mil mortes por ano podem ser atribuídas ao cigarro. O SUS gasta quase R$ 200 milhões anualmente apenas com casos de câncer relacionados ao tabagismo. Diante desse quadro, a questão é saber se o cerco ao fumo deveria ser ainda mais radical do que tem sido no Brasil. Ou seja, se medidas como a proibição das propagandas e a colocação de imagens chocantes em maços de cigarro são suficientes para conter o consumo. (Adaptado de "O que você acha das campanhas contra o fumo?" em <www.bbc.co.uk/portuguese/forum>, 01/08/ 2002.)

7 Um mundo com risco cada vez maior de surtos de doenças, epidemias, acidentes industriais, desastres naturais e outras emergências que podem rapidamente tornar-se uma ameaça à saúde pública global: é esse o cenário traçado pelo relatório anual da Organização Mundial de Saúde (OMS). Segundo a OMS, desde 1967, terão sido identificadas mais trinta e nove novas doenças, além do HIV, do Ebola, do Marburgo e da pneumonia atípica. Outras, como a malária e a tuberculose, terão sofrido mutações e resistirão cada vez mais aos medicamentos. "Estas ameaças tornaram-se um perigo muito grande para um mundo caracterizado por grande mobilidade, interdependência econômica e interligação eletrônica. As defesas tradicionais nas fronteiras nacionais não protegem das invasões de doenças ou de seus portadores", disse Margaret Chan, diretora geral da OMS. "A saúde pública internacional é uma aspiração coletiva, mas também uma responsabilidade mútua", acrescentou. O relatório deixa recomendações aos governos, entre as quais a implementação definitiva do regulamento sanitário internacional e a promoção de campanhas de prevenção e simulação de surtos epidêmicos, para garantir respostas rápidas e eficazes. (Adaptado de "OMS prevê novas ameaças à saúde pública e pede prevenção global" em <www.ultimahora.publico.clix.pt/sociedade>, 23/08/ 2007.)

8

(Disponível em: <www.aids.gov.br/humor>.)

9 Na 48ª sessão da Comissão de Narcóticos e Drogas da ONU, os EUA encabeçaram uma "coalizão" que rejeitou a proposta feita pelo Brasil de incluir os programas de redução de danos no conceito de Saúde como um direito básico do cidadão. A redução de danos é uma estratégia pragmática para lidar com usuários de drogas injetáveis. Disponibiliza seringas descartáveis ou mesmo drogas de forma controlada. Procura manter o viciado em contato com especialistas no tratamento médico e tem o principal objetivo de conter o avanço da Aids no grupo de risco, evitando o uso de agulhas infectadas. Apesar de soar contraditório à primeira vista, o programa é um sucesso comprovado pela classe científica. O Brasil é um dos países mais bem-sucedidos na estratégia, assim como a Grã-Bretanha, o Canadá e a Austrália. O Ministério da Saúde brasileiro, por exemplo, estima que os programas de redução de danos foram capazes de diminuir em 49% os casos de Aids em usuários de drogas injetáveis entre 1993 e 2002. A posição norte-americana reflete as políticas da Casa Branca, que se preocupou, por exemplo, em retirar a palavra "camisinha" de todos os *sites* do governo federal. Essa mesma filosofia aloca recursos para organizações americanas de combate à Aids que atuam fora dos EUA, pregando a abstinência e a fidelidade como remédios fundamentais na prevenção da doença. (Adaptado de Arthur Ituassu, "EUA atacam programas de combate à AIDS". *Jornal do Brasil*, 12/03/2005.)

Proposta B

Trabalhe sua narrativa a partir do seguinte recorte temático:

O avanço da tecnologia e da ciência médica desmistifica muitos dos preconceitos em torno das doenças. Entretanto, algumas delas, consideradas atualmente problemas de saúde pública, como obesidade, alcoolismo, diabetes, Aids, entre outras, continuam a trazer dificuldades de autoaceitação e de relacionamento social.

Instruções:

1. Imagine uma personagem que receba o diagnóstico de uma doença que é tema de campanhas preventivas.
2. Narre as dificuldades vividas pela personagem no convívio com a doença.
3. Sua história pode ser narrada em primeira ou terceira pessoa.

5. UFF (2007)

a) Considere, como exemplo, a evolução das canções, dos personagens e do tipo de letra predominantes nas décadas explicitadas.

Texto de Jussara Soares Soares (via internet)

Década de 40

Ele, de terno cinza e chapéu panamá, em frente à vila onde ela mora, canta:

"Tu és divina e graciosa,
estátua majestosa!
Do amor por Deus esculturada.
És formada com o ardor
da alma da mais linda flor, de mais ativo olor, que na vida
é a preferida pelo beija-flor..."

Década de 50

Ele ajeita seu relógio Pateck Philip na algibeira, escreve para a Rádio Nacional e manda oferecer a ela uma linda música:

"A deusa da minha rua,
tem os olhos onde a lua,
costuma se embriagar.
Nos seus olhos eu suponho,
que o sol num dourado sonho,
vai claridade buscar..."

Década de 60

Ele pede ao cantor da boate que ofereça a ela a interpretação de uma bela canção da Bossa Nova:

"Olha que coisa mais linda,
mais cheia de graça.
É ela a menina que vem e que passa,
no doce balanço a caminho do mar.
Moça do corpo dourado, do sol de Ipanema.
O teu balançado é mais que um poema."

Anos finais da década de 60

Ele aparece na casa dela, em sua Lambretta, com um compacto simples embaixo do braço, ajeita a calça Lee e coloca na vitrola uma música papo-firme:

"Nem mesmo o céu,
nem as estrelas, nem mesmo o mar e o infinito
não é maior que o meu amor, nem mais bonito.
Me desespero a procurar alguma forma de lhe falar,
como é grande o meu amor por você..."

Década de 70

Ele chega em seu fusca tala larga, sacode o cabelão, abre a porta pra mina entrar e bota uma melô joia no toca-fitas:

"Foi assim, como ver o mar,
a primeira vez que
os meus olhos se viram no teu olhar...
Quando eu mergulhei no azul do mar,
sabia que era amor e vinha pra ficar..."

Década de 80

Ele telefona pra ela e deixa rolar um:

"Fonte de mel, nos olhos de gueixa,
Kabuki, máscara.
Choque entre o azul e o cacho de acácias,
Luz das acácias, você é mãe do sol.
Linda, mais que demais..."

Década de 90

Ele liga pra ela e deixa gravada uma música na secretária-eletrônica:

"Bem que se quis,
depois de tudo inda ser feliz.
Mas já não há caminhos pra voltar.
E o que é que a vida fez da nossa vida?
O que é que a gente não faz por amor?"

Em 2001

Ele captura na Internet um batidão legal
e manda pra ela por *e-mail*:

"Tchutchuca!
Vem aqui com o teu Tigrão.
Vou te jogar na cama e te dar muita
pressão!
Eu vou passar cerol na mão, vou sim,
vou sim!
Eu vou te cortar na mão!
Vou sim, vou sim!
Vou aparar pela rabiola!
Vou sim, vou sim!"

b) Redija um **texto de caráter predominantemente narrativo** em que o personagem apresenta uma canção relacionada a uma situação por ele vivida no seu cotidiano.

Observações:

- caracterização de um personagem: quem é; como se apresenta;

- caracterização de tempo e de lugar;

- a escolha da canção não se restringe às canções exemplificadas acima.

6. PUC Camp (2006)

Proposta III – Narração

O seguinte anúncio foi publicado num jornal:

> Procura-se aflitivamente um pobre caderninho azul que tem escrita na capa a palavra "endereços" e dentro está todo sujo, rabiscado e velho.

Escreva uma **narração** bem articulada, na qual

a) fique plenamente identificada a personagem que mandou publicar o anúncio;

b) se exponham as razões que levaram essa personagem a publicar o anúncio com urgência;

c) se informe o que aconteceu depois que o anúncio foi lido pela pessoa que encontrou o caderninho.

7. Unicamp (2003)

Coletânea

1 Evolução significa um desenvolvimento ordenado. Podemos dizer, por exemplo, que os automóveis modernos *evoluíram* a partir das carruagens. Frequentemente, os cientistas usam palavras num sentido especial, mas quando falam de evolução de climas, continentes, planetas ou estrelas, estão falando de desenvolvimento ordenado. Na maioria dos livros científicos, entretanto, a palavra se refere à evolução orgânica, ou seja, à teoria da evolução aplicada a seres vivos. Essa teoria diz que as plantas e animais se modificaram geração após geração, e que ainda estão se modificando hoje em dia. Uma vez que essa mudança tem-se prolongado através das eras, tudo o que vive atualmente na Terra descende, com muitas alterações, de outros seres que viveram há milhares e até milhões de anos atrás. (*Enciclopédia Delta Universal*, vol. 6, p. 3134.)

2 Quando se focalizou a língua, historicamente, no século XIX, as mudanças que ela sofre através do tempo foram concebidas dentro da ideia geral de evolução. A evolução, como sabemos, foi um conceito típico daquela época. Surgiu ele nas ciências da natureza, e depois, por analogia, se estendeu às ciências do homem. [...] Do ponto de vista das ciências do homem em geral, a plenitude era entendida como o advento de um estado de civilização superior, e os povos eram vistos como seguindo fases evolutivas até chegar a uma final, superior, que seria o ápice de sua evolução. (Mattoso Câmara, 1977. *Introdução às línguas indígenas brasileiras*. Rio de Janeiro, Ao Livro Técnico. p. 66.)

3 Progresso, portanto, não é um acidente, mas uma necessidade... É uma parte da natureza. (Herbert Spencer, *Social Statics*, n. 1850, cap. 2, seção 4.)

4 Ator 1 – Com o passar dos séculos – o homem sempre foi muito lento – tendo desgastado um quadrado de pedra e desenvolvido uma coisa que acabou chamando de roda, o homem chegou, porém, a uma conclusão decepcionante – a roda só servia para rodar. Portanto, deixemos claro que a roda não teve a menor importância na História. Que interessa uma roda rodando? A ideia verdadeiramente genial foi a de colocar uma carga em cima da roda e, na frente, puxando a carga, um homem pobre. Pois uma coisa é definitiva: a maior conquista do homem foi outro homem. O outro homem virou escravo e, durante séculos, foi usado como transporte (liteira), ar refrigerado (abano), lavanderia, e até esgoto, carregando os tonéis de cocô da gente fina. (Millôr Fernandes. *A História é uma história*. Porto Alegre, LP&M, 1978.)

5 Na história evolucionária, relativamente curta, documentada pelos restos fósseis, o homem não aperfeiçoou seu equipamento hereditário através de modificações corporais perceptíveis em seu esqueleto. Não obstante, pôde ajustar-se a um número maior de ambientes do que qualquer outra criatura, multiplicar-se infinitamente mais depressa do que qualquer parente próximo entre os mamíferos superiores, e derrotar o urso polar, a lebre, o gavião, o tigre, em seus recursos especiais. Pelo controle do fogo e pela habilidade de fazer roupas e casas, o homem pode viver, e vive e viceja, desde o Círculo Ártico até o Equador. Nos trens e carros que constrói, pode superar a mais rápida lebre ou avestruz. Nos aviões, pode subir mais alto que a águia, e, com os telescópios, ver mais longe que o gavião. Com armas de fogo, pode derrubar animais que nem o tigre ousa atacar. Mas fogo, roupas, casas, trens, aviões, telescópios e revólveres não são, devemos repetir, parte do corpo do homem. Pode colocá-los de lado à sua vontade. Eles não são herdados no sentido biológico, mas o conhecimento necessário para sua produção e uso é parte do nosso legado social, resultado de uma tradição acumulada por muitas gerações, e transmitida, não pelo sangue, mas através da fala e da escrita. (Gordon Childe. *A evolução cultural do homem*. Rio de Janeiro, Zahar, 1966. p. 39-40.)

6 O homem pode ser desculpado por sentir algum orgulho por ter subido, ainda que não por seus próprios esforços, ao topo da escala orgânica; e o fato de ter subido assim, em vez de ter sido primitivamente colocado lá, pode dar-lhe esperanças de ter um destino ainda mais alto em um futuro distante. (Charles Darwin, *A descendência do homem*. <www.gutenbergnet>)

7 ... por causa de nossas ações, os ecossistemas do planeta estão visivelmente evoluindo de formas não previstas pelos seres humanos. Algumas vezes, as mudanças parecem pequenas. Tomemos o caso das rãs e das salamandras nas Ilhas Britânicas. Os invernos estão mais quentes nessa região, devido a mudanças de clima causadas pelos seres humanos. Isso significa que as lagoas onde aqueles animais se reproduzem estão mais quentes. Assim, as salamandras (*Triturus*) começaram a se acasalar mais cedo. Mas as rãs (*Rana temporaria*) não. De modo que a desova das rãs está virando almoço das salamandras. É possível que as lagoas britânicas em que há salamandras continuem por dezenas e dezenas de anos cada vez com menos rãs. E então, um dia, o ecossistema da lagoa desmorona... (Adaptado de Alanna Mitchell, "Bad Evolution", *The Globe and Mail Saturday*, 4/5/2002.)

8 Em que consiste, em última análise, o progresso social? No desenvolvimento do melhor modo possível dos recursos havidos da natureza, da qual tiramos a subsistência, e no apuro dos sentimentos altruísticos, que tornam a vida cada vez mais suave, permitindo uma cordialidade maior entre os homens, uma solidariedade mais perfeita, um interesse maior pela felicidade comum, um horror crescente pelas injustiças e iniquidades... (Manuel Bonfim, *A América Latina:* males de origem. Rio de Janeiro/Paris, H. Garnier, s/d.)

No século XXII, um cientista resolve criar o "homem perfeito". Para tanto, desenvolve um "acelerador genético", capaz de realizar em pouco tempo um processo que supostamente duraria milênios. Aplica o engenho a um pequeno número de cobaias humanas que, à idade propícia, são inseridas na sociedade, para cumprirem seu "destino". Dessas cobaias, uma suicidou-se, outra tornou-se um criminoso, outra, presidente da república. A quarta é você, a quem cabe atestar o êxito ou o fracasso do experimento.

Componha uma narrativa **em primeira pessoa** que contenha:

- ações que justifiquem o desfecho das histórias de seus companheiros;
- um desfecho inteiramente diferente para sua própria história.

PARTE 4
A narrativa no vestibular

CAPÍTULO 2
Gêneros da narrativa

1. UFG (2013)

Tema

A busca pela juventude eterna: solução ou agravamento do conflito entre gerações?

Coletânea

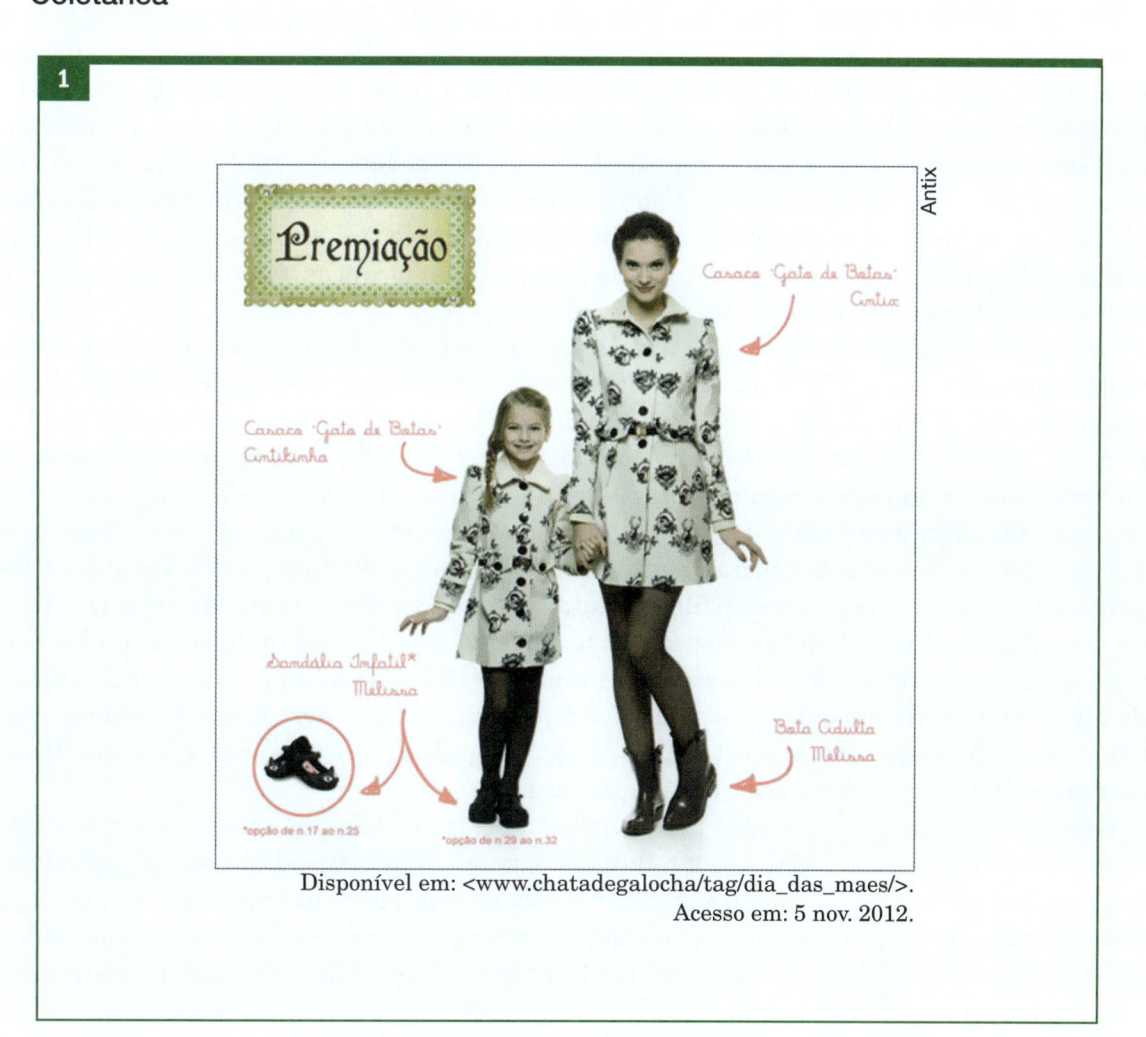

1

Premiação

Casaco 'Gato de Botas' Antix

Casaco 'Gato de Botas' Antikinha

Sandália Infantil* Melissa
*opção de n. 17 ao n.25

Bota Adulta Melissa
*opção de n. 29 ao n.32

Disponível em: <www.chatadegalocha/tag/dia_das_maes/>.
Acesso em: 5 nov. 2012.

Eu vos abraço, milhões

Moacyr Scliar

De uma coisa posso me orgulhar, caro neto: poucos chegam, como eu, a uma idade tão avançada, àquela idade que as pessoas costumam chamar de provecta. Mais: poucos mantêm tamanha lucidez. Não estou falando só em raciocinar, em pensar; estou falando em lembrar. Coisa importante lembrar. Aquela coisa de "recordar é viver" não passa, naturalmente, de um lugar-comum que jovens como você considerariam até algo meio burro: se a gente se dedica a recordar, quanto tempo sobra para a vida propriamente dita? A vida, que, para vocês, transcorre principalmente no mundo exterior, no relacionamento com os outros? Esse cálculo precisa levar em conta a expectativa de vida, precisa quantificar (como?) prazeres e emoções. É difícil de fazer, exige uma contabilidade especial que não está ao alcance nem mesmo das pessoas vividas e supostamente sábias. Que eu saiba, não há nenhum programa de computador que possa ajudar – e, mesmo que houvesse, eu não saberia usá-lo, sou avesso a essas coisas. Vejo-me diante de uma espinhosa tarefa: combinar muito bem a vivência interior, representada sobretudo pela recordação e pela reflexão, com a vivência exterior, inevitavelmente limitada pela solidão, pela incapacidade física, pelo fato de que tenho mais amigos entre os mortos do que entre os vivos.

Não sei. Só sei que recordar é bom, e é das poucas possibilidades que me restam, de modo que recordo. É uma espécie de exercício emocional, é um estímulo para os meus cansados neurônios, mas é sobretudo um prazer. Um prazer melancólico, decerto, mas um prazer, sim resultante da facilidade com que evoco pessoas, acontecimentos, lugares, uma facilidade que às vezes surpreende a mim próprio. Para alguns, mesmo não muito velhos, o rio da memória é um curso de água barrenta que flui, lento e ominoso, trazendo destroços, detritos, cadáveres, restos disso ou daquilo; para mim, não: é uma vigorosa corrente de água límpida e fresca. Dos barquinhos que nela alegres navegam, lembranças, às vezes melancólicas, mas em geral risonhas, acenam-se, gentis, amistosas. [...]

Considero-te especial, mesmo que nossos encontros tenham sido raros, ou talvez exatamente por causa disso. Vimo-nos cinco ou seis vezes, não mais, e sempre rapidamente. Eu sabia que isso iria acontecer: quando teu pai, jovem médico, foi para os Estados Unidos, tive o pressentimento de que não mais voltaria. Dito e feito: fez uma carreira bem-sucedida, casou com uma colega médica, tornou-se tão americano que até fala com sotaque. Só retornava esporadicamente e por curtos períodos. Alegava que tinha compromissos, mas o fato é que aparentemente não se sentia muito bem aqui. Por quê, não sei, e nunca lhe perguntei. As relações entre pais e filhos muitas vezes estão envoltas em bruma misteriosa, na qual realidade e fantasia se misturam. Eu mesmo pouco posso te dizer de minha mãe (com quem, no entanto, convivi bastante e numa fase difícil de minha vida), e menos ainda de meu pai. Espero que entre nós seja diferente, e a carta que me mandaste reforça essa expectativa. Aliás, parabéns pelo teu português. Teu pai se preocupou em te manter ligado às suas raízes brasileiras, coisa que sempre admirei.

Numa carta (que gostarias fosse um *e-mail*, mas, como te disse, não sei usar essas coisas) tu me perguntaste se sou feliz. Uma indagação casual, uma curiosidade, ou o resultado de uma inquietude de neto? Prefiro acreditar nessa última possibilidade: afinal, e, como já disseste mais de uma vez, estás em busca de tuas origens e queres saber tudo sobre mim. Talvez estejas, na verdade, te indagando se tu próprio és, ou podes ser, feliz, se a felicidade está embutida no genoma que te leguei.

SCLIAR, M. *Eu vos abraço, milhões*. São Paulo: Companhia das Letras, 2010. p. 7-10. (Adaptado).

3

Adolescência é coisa do cérebro e não dos hormônios

Suzana Herculano-Houzel

As mudanças necessárias no córtex cerebral para lidar de modo adulto com os novos impulsos adolescentes levam cerca de dez anos para acontecer. Atenção, linguagem, memória e raciocínio abstrato são processos até que rapidamente aprimorados, em torno dos 14 anos, e postos à prova com o interesse súbito por política, filosofia e religião. Por outro lado, a capacidade de se colocar no lugar dos outros e de antecipar as consequências dos próprios atos, bases para as boas decisões e para a vida em sociedade, só chega bem mais tarde, por volta dos 18 anos, à força de mudanças no cérebro e de muita experiência. Só o tempo não basta: torna-se independente e responsável requer aprender a tomar boas decisões, e isso só se aprende... tomando decisões. Se tudo der certo, o resultado desse período de ampla remodelagem guiada pelas experiências do aprendizado social, sexual, cultural e intelectual é o que todo pai e mãe anseiam para seus filhos: que se tornem independentes, responsáveis e bem inseridos socialmente.

Adolescentes, portanto, fazem o que podem com o cérebro que têm – e é bom que seja assim. Nosso dever é ajudá-los oferecendo informações, alternativas, e também o direito de errar de vez em quando.

Disponível em: <www2.uol.com.br/vivermente/artigos/adolescência_e_coisa_do_cerebro.html>.
Acesso em: 12 nov. 2012.

4

Não quero ser grande

Frank Furedi

Os alarmes começaram a tocar alguns anos atrás. Eu estava mostrando a um amigo o câmpus em que leciono quando topamos com um grupo de universitários absortos, num bar, assistindo aos "Teletubbies". Normalmente, a visão de um grupo de estudantes de 18 a 21 anos curtindo um programa feito para crianças que ainda estão aprendendo a andar não teria tido grande impacto sobre minha imaginação.

Mas nem todos os jovens de 20 anos curtem "Teletubbies" – na realidade, muitos dos estudantes de hoje parecem preferir os personagens favoritos das crianças de idade pré-escolar um pouco mais avançada, "The Tweenies". No entanto, quando reclamo do fascínio manifestado por jovens adultos pela televisão feita para a primeira infância, John Russell, 28 anos, me olha como se eu fosse um caso perdido. Advogado bem pago, John diz que não se interessa em fazer "coisas de adulto". Ele adora seu PlayStation e gasta uma parte considerável de sua renda com brinquedos de alta tecnologia.

A celebração da imaturidade é reafirmada constantemente pela mídia. Atores de meia-idade vivem à procura de papéis que lhes permitam manifestar seu lado juvenil. John Travolta quase se esborrachou para ser um doce de coco em "Olhe Quem Está Falando", e Robin Williams mostrou ser adorável no papel de Peter Pan em "Hook". Tom Hanks é sempre bonitinho – uma criança presa dentro do corpo de um adulto em "Quero Ser Grande" e, depois, como "Forrest Gump", o menino-homem que personifica a nova virtude do infantilismo psicológico. Peter Pan, o garoto que não queria crescer, teria poucas razões para fugir de casa se vivesse em Londres, Nova York ou Tóquio hoje.

A ausência de uma palavra prontamente reconhecida para descrever esses adultos infantilizados demonstra o mal-estar com que esse fenômeno é saudado. Para descrever esse segmento do mercado, publicitários e fabricantes de brinquedos cunharam o termo "*kidult*" ("criançadulto"). Outro termo às vezes usado para descrever essas pessoas na faixa dos 20 aos 25 anos é "adultescente", normalmente definido como alguém que se nega a se assentar e a assumir compromissos na vida, uma pessoa que preferiria chegar à meia-idade ainda fazendo farra.

É importante não confundir adultescentes com as pessoas descritas como estando na "meia juventude". Estas se encontram uma geração à frente dos adultescentes. São pessoas de 35 a 45 anos que se veem como estando na vanguarda da cultura jovem; elas passam por uma fase conhecida como "mediascência" ("*middlescence*"), um estado de espírito que resiste ferozmente a tudo o que costuma acompanhar a chegada da meia-idade. Uma razão pela qual palavras como *kidult* e adultescente não entraram na linguagem do dia a dia é que a sociedade não sabe como lidar com a gradativa erosão da linha divisória entre infância e idade adulta. A sociedade já aceitou a ideia de que as pessoas só se tornam adultas quando estão no final da casa dos 30 anos. Em consequência, a adolescência foi estendida para a casa dos 20 anos. É interessante observar que a Sociedade de Medicina Adolescente, uma organização médica americana, afirma em seu *site* que cuida de pessoas "dos 10 aos 26 anos de idade".

Disponível em: <http: //feeds.folha.uol.com.br/fsp/maio/fs25072004.htm>.
Acesso em: 12 nov. 2012. (Adaptado).

5

Tartarugas, bolcheviques e o culto à juventude

Nelson Ascher

A longevidade, que, por alguma razão misteriosa, era apanágio de povos montanheses como os do Cáucaso ou os dos Andes, beneficia ou (em termos pessimistas) amaldiçoa mais e mais indivíduos, se bem que desproporcionalmente do sexo feminino: apenas um em cada quatro ou cinco cidadãos centenários é homem. (Eis como as más línguas explicam tal distorção: por que os maridos morrem antes das mulheres? Porque querem.)

Há algo, porém, que a expectativa prolongada de vida ajuda a explicar: trata-se, paradoxalmente, do culto à juventude. Quando havia poucos idosos, era a eles que a tribo ou a comunidade recorria para se informar sobre acontecimentos do passado ou aprender com sua experiência acumulada. A trivialização do envelhecimento descolou a atenção de suas benesses para suas desvantagens, e isso tanto graças à nostalgia que a meia-idade sente pela adolescência quanto aos efeitos deletérios da contracultura dos anos 60, que, com suas raízes no "bom selvagem" de Jean-Jacques Rousseau, contrapôs aos compromissos pretensamente cínicos da vida adulta as virtudes de uma pseudo-inocência juvenil. Muitos dos que acham que a melhor época da vida vai dos 18 e meio aos 19 anos de idade estão hoje em dia condenados a amargar mais umas seis terríveis décadas.

Disponível em: <http://www.1.folha.uol.com.br/fsp/ilustrad/fq11088200315.htm>.
Acesso em: 12 nov. 2012.

A teenagização da cultura ocidental

Maria Rita Kehl

"O Brasil de 1920 era uma paisagem de velhos", escreveu Nelson Rodrigues em uma crônica sobre sua infância na rua Alegre. "Os moços não tinham função, nem destino. A época não suportava a mocidade". O escritor estava se referindo aos sinais de respeitabilidade e seriedade que todo moço tinha pressa em ostentar. Um homem de 25 anos já portava o bigode, a roupa escura e o guarda-chuva necessário para identificá-lo entre os homens de 50, e não entre os rapazes de 18. Já um futuro escritor do ano 2030, quando escrever sobre a infância nos anos 90, poderá afirmar: "No meu tempo, todo mundo era jovem".

Ser jovem virou *slogan*, virou clichê publicitário, virou imperativo categórico – condição para se pertencer a uma certa elite atualizada e vitoriosa. Ao mesmo tempo, a "juventude" se revelava um poderosíssimo exército de consumidores, livres dos freios morais e religiosos que regulavam a relação do corpo com os prazeres, e desligados de qualquer discurso tradicional que pudesse fornecer critérios quanto ao valor e à consistência, digamos, existencial, de uma enxurrada de mercadorias tornadas, da noite para o dia, essenciais para a nossa felicidade.

O que importa agora é pensar os efeitos disto que estamos chamando de "teenagização" da cultura ocidental. O primeiro que me ocorre é o seguinte: todo adulto (biologicamente falando, digo, sem querer ofender ninguém) sente uma certa má consciência diante de sua experiência de vida. Se a regra é viver com a disponibilidade, a esperança e os anseios de quem tem 13, 15 ou 17 anos, que fazer da seletividade, da desconfiança e até mesmo da consolidação de um certo perfil existencial mais definido, inevitáveis para quem viveu 40 ou 50 anos?

O adulto que se espelha em ideias *teen* se sente desconfortável ante a responsabilidade de tirar suas conclusões sobre a vida e passá-las a seus descendentes. Isso significa que a vaga de "adulto", na nossa cultura, está desocupada. Ninguém quer estar "do lado de lá", o lado careta, do conflito de gerações, de modo que o tal conflito, bem ou mal, se dissipou. Mães e pais dançam rock, funk e reggae como seus filhos, fazem comentários cúmplices sobre sexo e drogas, frequentemente posicionam-se do lado da transgressão nos conflitos com a escola e com as instituições.

Esta liberdade cobra seu preço em desamparo: os adolescentes parecem viver num mundo cujas regras são feitas por eles e para eles, já que os próprios pais e educadores estão comprometidos com uma leveza e uma "*nonchalance*" jovem. Não que os pais "de antigamente" soubessem como os filhos deveriam enfrentar a vida, mas pensavam que sabiam, e isso era suficiente para delinear um horizonte, constituir um código de referência – ainda que fosse para ser desobedecido. Quando os pais dizem: "Sei lá, cara, faz o que você estiver a fim", a rede de proteção imaginário constituída pelo o que o Outro sabe se desfaz, e a própria experiência perde significação. E, como nenhum lugar de produção de discurso fica vazio muito tempo sem que algum aventureiro lance mão, atenção!, o Estado autoritário, puro e simples, pode vir fazer as vezes dos adultos que se pretendem *teen*. Neste caso, em vez da elaboração da experiência, teremos "razões de Estado" (ou pior, razões do Banco Mundial) ditando o que fazer de nossas vidas.

A desvalorização da experiência esvazia o sentido da vida. Não falo da experiência como argumento de autoridade – "eu sei porque vivi". Sobretudo numa cultura plástica e veloz como a contemporânea, pouco podemos ensinar aos outros partindo da nossa experiência. No máximo, que a alteridade existe. Mas a experiência, assim como a memória, produz consistência subjetiva. Eu sou o que vivi. Descartado o passado, em nome de uma eterna juventude, produz-se um vazio difícil de suportar.

Parece contraditório supor que uma cultura *teen* possa ser depressiva, sobretudo quando se aposta no império das sensações – adrenalina, orgasmo, cocaína – para agitar a moçada. Mas às vezes me preocupa, desligados a tevê e o *walk-man*, este enorme silêncio à nossa volta.

Nonchalance: iong.: n.1 diferença, desinteresse (Michaelis Moderno).
fr.:nf.1. desmazelo, displicência, descuido. 2. Apatia. (Michaelis Escolar).

Disponível em: <www.mariaritakehl.psc.br/PDF/ateenagizacaodaculturaocidental.pdf >.
Acesso em: 12 nov. 2012. (Adaptado).

Disponível em: <chirtamjr.blogspot.com>.
Acesso em: 5 nov. 2012.

Conto de ficção científica

O gênero conto de ficção científica mantém certas características de outros contos literários. Trata-se de uma narrativa curta que apresenta narrador, personagens, enredo, tempo e espaço. O conto constrói uma história focada em conflito único e apresenta o desenvolvimento e a resolução desse conflito. A ficção científica lida principalmente com o impacto da ciência sobre a sociedade ou sobre o indivíduo. Como gênero literário, o conto de ficção científica apresenta histórias fictícias e fantásticas, mas cuja fantasia propõe-se a ser plausível, quer em uma época e local distantes, quer mesmo no aqui e agora. Há uma tentativa de convencer o público leitor de que as ideias que ele apresenta podem não ser possíveis, mas poderiam ser, valendo-se de uma explicação científica ou pelo menos racional.

Escreva um conto de ficção científica, no qual você seja narrador-personagem, um cientista que descobre uma fórmula para eternizar a juventude. Imagine que esse cientista encontre uma maneira de fazer com que um grupo de pessoas utilize a fórmula por ele produzida. Conte como isso ocorreu e os resultados obtidos com a experiência. O texto deve apresentar um conflito que envolva ideias e valores sobre as consequências da conquista da juventude eterna. Por meio das ações e dos diálogos, discuta as atitudes das personagens envolvidas na situação e a relação entre a busca pela eterna juventude e a solução ou o agravamento dos conflitos entre gerações. A trama deve basear-se em explicações científicas ou racionais que assegurem plausibilidade à fantasia construída no conto.

2. UFG (2010)

Tema

Pânico moral: estratégia para promover a qualidade de vida ou para controlar a sociedade pelo medo?

Pânico moral

Pânicos coletivos – ou "pânicos morais", como alguns sociólogos os denominam – são um fenômeno comum, talvez até comum demais. [...] Ocasionalmente o perigo é imaginário, como na onda de pânicos relacionados a bruxas que se espalhou pela Europa nos séculos 16 e 17 e resultou na morte de milhares de pessoas inocentes. [...] Já em outras ocasiões o perigo é real, e não imaginário, mas os boatos servem para amplificá-lo, como no caso da praga que se abateu sobre a Europa em 1348 e retornou em diversas ocasiões. [...]

Na esfera econômica, um pânico pode bastar para produzir os efeitos cuja possibilidade desperta o medo das pessoas, para começar. Um exemplo vívido – e que oferece paralelos desconfortáveis com relação à situação presente – é o pânico financeiro que tomou os EUA em 1873. A crise surgiu depois de um surto de gripe equina e do colapso de um grande banco (o Jay Cooke & Co.) e resultou em uma depressão econômica que durou alguns anos.

Em casos de pânico coletivo, é comum que surja uma busca por bodes expiatórios. Em outras palavras, grupos ou até mesmo indivíduos são culpados por situações que resultam, ao menos em parte, de debilidades do sistema econômico, social ou político. [...]

Histórias sobre complôs são tema recorrentes nos pânicos. Esses complôs são em geral atribuídos a grupos que já foram descritos como "demônios folclóricos". Em outras palavras, pessoas são alvo de preconceitos em determinadas culturas – os católicos (em culturas protestantes), os judeus, os jesuítas, os aristocratas, os banqueiros (de olhos azuis ou de olhos castanhos), os maçons ou os comunistas. São grupos suspeitos de conspirar para envenenar, infectar, queimar, sequestrar ou empobrecer as pessoas comuns ou para promover um golpe de Estado ou uma revolução. [...]

Histórias sobre vilões que envenenam os reservatórios de água ou satanistas que torturam e matam crianças estão em circulação há muitos séculos (pelo menos desde o século 14). Nesse contexto, não parece irracionável falar em surtos de paranoia coletiva, desde que não descartemos os pânicos como completamente irracionais, patológicos ou absurdos. Pode haver bons motivos para uma atmosfera de pânico ou incerteza que leve à difusão de rumores desse tipo.

Os pânicos podem representar reação excessiva, mas são reação a um problema real. [...] Será possível encontrar um caminho intermediário entre ignorar ameaças reais e sucumbir a pânicos coletivos? Os meios de comunicação têm papel importante e desempenhar quanto a isso.

BURKE, P. *Folha de S.Paulo*, 3 maio 2009, p. 5.

From: G. F. L. D.
To:
Send: Sunday, september 08, 2002 11:42 PM
Subject: [Policia-br] SEGURANÇA PÚBLICA E "PÂNICO MORAL"

O pânico moral

A expressão "pânico moral", utilizada por cientistas sociais, é pouco conhecida do público em geral. O conceito pode conotar, por exemplo, o pânico ou reação exacerbada a desvios de conduta ou ilícitos, supostamente capazes de ameaçar a "ordem moral" dominante. Mensagens indutoras de pânico moral podem ser disseminadas pela mídia, tendo sua origem em indivíduos ou grupos interessados em mudar normas coletivas ou práticas sociais, estando para tanto dispostos a compelir os demais a aceitarem tais mudanças, mesmo sob um clima de medo coletivo e perplexidade.

Os cientistas sociais que tratam do tema, via de regra, estão mais interessados com o fenômeno da dinâmica das mudanças sociais e das estratégias da sua promoção, do que propriamente com a validade de postulações indutoras do "pânico moral". A consciência crítica da nação, ao contrário, deve examinar cuidadosamente o mérito dessas postulações indutoras de mais um tipo de pânico. [...]

Um exemplo bastante atual da disseminação do pânico moral no Brasil é a vinculação de uma alegada falência do Estado em relação ao crime e à violência praticados por jovens. Tomados como causas dessa situação, são denunciados o Estatuto da Criança e do Adolescente (ECA) e os ditames do artigo 228 da Constituição Federal quanto à idade mínima de responsabilidade penal (18 anos). Segundo o conteúdo dessas mensagens, o ECA supostamente minaria a autoridade policial, enfraquecendo o Estado e servindo de estímulo para a delinquência entre jovens brasileiros, "não tão inocentes" com idades menores que 18 anos.

A grande discussão gerada entre proponentes do pânico moral e seus oponentes não pode resolver, entretanto, aqui e agora, questões prementes e que requerem ações imediatas da gestão da defesa social e segurança pública: é chamada "ética da urgência". Assim é em relação aos jovens de risco que estão delinquindo agora nas ruas, aos traficantes que neste exato momento fazem suas transações ilícitas e aos internos do sistema prisional que seguem coordenando seus crimes de dentro das prisões. É no equilíbrio entre medidas reativas, necessárias e imediatas, com a implementação articulada de políticas de médio e longo prazos para a defesa social e a segurança pública, que o Estado revelará sua correspondência na gestão de tão importantes questões de interesse público.

DANTAS, G. F. L. O pânico moral. Disponível em: <http://www.mail-archive.com/policia-livre@grupos.com.br/msg09576.html>. Acesso em: 16 out. 2009.

3

E a discussão ambiental chega à cozinha

Tenho saudades de uns poucos anos atrás, em que as previsões sobre o aquecimento global eram modestas, algo como 0,5 a 1 °C em um século. Já em 2007, o Painel Intergovernamental sobre Mudanças Climáticas (IPCC, na sigla em inglês) estimava um aumento de 1,5 a 4 °C no período. Em setembro de 2007, o Centro Hadley, no Reino Unido, com base em estudos sobre clima, previu aumento de temperatura de até 8 °C. Mas não em um século, e sim em 50 anos.

Então talvez o aquecimento acabe sendo superior a 8 °C, e em período inferior a 50 anos. O problema deixou de ser daquele bisneto(a) que você provavelmente não iria conhecer mesmo, e passou a ser uma ameaça para você e para todos nós. Não é à toa que as seguradoras apoiaram o IPCC e outros grupos de pesquisa. Elas querem saber o que vem pela frente e quanto vai custar a trombada. [...]

A discussão pode estar algo atrasada, mas é saudável e muito instrutiva. Um dos aspectos mais importantes desse debate é que ele cria uma cultura de inventário e diagnóstico: as empresas estão se capacitando para inventariar suas emissões e discutindo custos e estratégias de redução.

De fato, o marketing ecológico parece ter se tornado obrigatório e alastrou-se como uma praga. Já reparou como, por todo lado, as petroleiras viraram companhias de energia, os bancos agora são do planeta e as montadoras reinventam caminhos, embora para os mesmos carros, alguns cada vez mais verdes, e amarelos?

Será que, juntando todo o material impresso das campanhas publicitárias que exibem folhas, árvores, mato ou floresta daria para recobrir o que se queimou da Floresta Amazônica?

GUIMARÃES, J. R. D. E a discussão ambiental chega à cozinha.
Disponível em: <http://ciênciahoje.uol.com.br/155082>. Acesso em: 20 out. 2009.

4

2012, a nova data para o fim do mundo

No dia 21 de dezembro de 2012, um raro alinhamento do Sol com o centro da Via-Láctea dará início a uma série de eventos desastrosos. São esperados terremotos, dilúvios, pragas e distúrbios eletromagnéticos que culminarão com o fim dos tempos. Não há como ignorar os sinais de que o fim se aproxima: crise econômica mundial, gripe suína, aquecimento global, alterações no ciclo solar, guerras e desigualdade. A tese catastrofista se espalha e avoluma, incendiada pela internet, e há quem acredite piamente que até 2012 o mundo irá, mas de lá não passará. Até Hollywood embarcou na onda e lança uma produção milionária em novembro explorando o tema. A origem distinta para previsões coincidentes seria a prova cabal para o fim trágico da humanidade. O rol de tragédias identificadas com a data está escrito em profecias das mais variadas culturas: oráculos romanos e gregos, o calendário maia, textos de Nostradamus, a Bíblia, o I Ching e até um programa de computador que filtra a internet atrás de tendências de comportamento.

É assim, misturando realidade com ficção e ciência com religião, que se criou a mais nova profecia para o fim do planeta. Mas o que há de real nessa confusão de história, astronomia, astrologia e religião?

LOES, J. *IstoÉ*, São Paulo, 13 maio 2009, p. 70-71.

5

Disponível em: <http://images.google.com.br/imgres>.
Acesso em: 6 nov. 2009.

6

A carne ética

    Há algum tempo, uma charge nesta Folha desenhava o horror de uma pessoa que, coberta de sangue, comia um pedaço de carne num restaurante. O garçom, coitado, envergonhado, dizia ao consumidor da carne algo como: "Aqui não é permitido comer carne". Os vizinhos de mesa, todos com suas alfaces no prato, olhavam estarrecidos para o prato e a mesa do sanguinário homem.

    A cor vermelha de sangue, no guardanapo, amarrado no pescoço da figura animalesca do carnívoro, traía sua insensibilidade para com o sofrimento da picanha em meio à batata frita. Algum tempo depois, por conta do debate acerca da forma fascista que assumiu, entre nós, a lei contra o tabaco em locais públicos, eu dizia nesta coluna que em breve essas pessoas "conscientes" (tenho desenvolvido um horror todo peculiar por pessoas "conscientes") iriam perseguir os carnívoros. [...]

Vamos concordar que torturar animais é feio, apesar de que grande parte da vida esteja sustentada na necessidade da tortura de alguns seres para que outros continuem a respirar. Também vejo nos olhos dos meus cachorros a docilidade de quem veio ao mundo para sofrer, aliás como todos nós, vítimas do nascimento. Mas ainda aprecio suculentas picanhas. O que fazer, eu sou incoerente mesmo, amo meus cachorros, mas sou indiferente aos pobrezinhos bezerrinhos.

Imagino que essas pessoas "conscientes" em breve proporão tratamentos de choque para pessoas degeneradas como eu. Tombarei gritando pelo direito às churrascarias. Por que essas pessoas "conscientes" não falam dos direitos das rúculas em continuarem, de forma singela, a fazer fotossíntese? Onde está a consciência deles quando torturam seres inocentes como as berinjelas, trituradas entre nossos dentes horrorosos?

Não há dúvida de que há algo de monstruoso na humanidade, mas o que me espanta nesses "conscientes" é a cegueira para o fato de que a natureza não seja um mar dócil, mas sim um espaço de violência.

Esses caras são uns bobos que nunca viraram gente grande, por isso, eles gritam por aí *"rats have rights"*. Gente grande sabe que a felicidade não faz parte dos planos da natureza. O que escolher? A carne ética ou a rúcula santa? Um dia vão sair correndo dando pauladas em que não se converter à "Santa Alimentação".

PONDÉ, L. F. A carne ética. Disponível em: <www1.folha.uol.com.br/fsp/ilustrad/fq1210200916.htm>.
Acesso em: 20 out. 2009.

7

Que medo

Contrariando um clichê muito difundido pelo senso comum, ter medo não significa ser covarde. Covardia é, sim, não ter coragem de reagir. O medo, assim como outras emoções primárias, está inscrito no código genético de muitos seres vivos, inclusive no dos humanos. Sua função é "avisar" o organismo dos perigos. Em geral, portanto, o medo é benéfico – somente quando é excessivo (em casos patológicos de pânico, fobia) pode ser prejudicial. Por outro lado, uma pessoa totalmente destemida não teria vida longa: atravessaria a rua no sinal vermelho, cairia ao se debruçar na janela ou não hesitaria em enfrentar um leão. Sob o efeito do medo, aumentam a atenção e a velocidade de reação. As batidas do coração aceleram, a pressão sanguínea sobe, os açúcares inundam o sangue e aumentam as secreções da glândula suprarrenal e da parte anterior da hipófise. Esse terremoto psicofísico prepara o corpo para lutar, fugir, imobilizar-se ou fingir não temer. [...]

Por trás dos estados de ansiedade há, muitas vezes, tormentos inconscientes que amplificam os medos normais e levam à perda do controle. Há ainda situações em que nossa própria capacidade de prever perigos nos faz cair em armadilhas do falso alarme e de uma ansiedade que brota de ameaças imaginárias. [...] Lidar com nossas assombrações – sejam elas concretas ou fictícias – é um processo de aprendizagem, que implica a aquisição de autonomia e amadurecimento, construídos no contrato com o outro.

FERRARIS, A. O. Que medo. Disponível em: <http://www2.uol.com.br/vivermente/reportagens/que_medo>.
Acesso em: 20 out. 2009.

Quem tem medo do politicamente incorreto?

Há algum tempo uma polêmica inusitada surgiu nas páginas da imprensa norte-americana. O debate girava em torno do nome da tradicional história infantil, "A Branca de Neve e os Sete Anões". Tomadas pela voga do politicamente correto, alguns críticos reclamarem da nomenclatura "sete anões" e acabaram por propor uma saída à altura: "Branca de Neve e os sete verticalmente comprometidos", esquecendo que a própria Branca de Neve também poderia ser entendida como uma ofensa a todos aqueles que não fossem brancos, como a neve. [...]

Folclore ou não, essa história está de volta, agora no Brasil, com a publicação, pela Secretaria dos Direitos Humanos, da cartilha "Politicamente Correto & Direitos Humanos". Distribuído pela primeira vez em 2004, na Conferência Nacional dos Direitos Humanos, o material voltou à cena no começo do mês de maio, em novo seminário sobre o tema. [...]

Mas nada como recorrer à própria cartilha e tomar alguns de seus verbetes. Comecemos com uma coincidência: o verbete "Anão". Na definição da cartilha ficamos sabendo que "as pessoas afetadas por nanismo são vítimas de um preconceito particular: o de sempre serem consideradas engraçadas. Não há nada de especialmente engraçado em ter baixa estatura, fato que não toma ninguém inválido nem diminui sua dignidade". Ou seja, toma-se a forma pelo conteúdo e chegamos a uma espécie de beco sem saída. Qual seria a conclusão: trocar anão por nanismo ou por "verticalmente comprometido": [...] O mesmo ocorre com termos que carregam duplo sentido. "Bárbaro", por exemplo, deve ser condenado, pois é sinônimo de cruel, grosseiro, incorreto, malvado, rude e violento... é fato que o etnólogo Claude Lévi-Strauss teria uma vez dito que "bárbaro é aquele que acredita na barbárie", mas e o uso oposto? Como incluir na cartilha uma opção para o outro contexto linguístico, quando bárbaro é aquele que pratica atos, digamos assim, geniais? [...]

Se a intenção da cartilha não é cercear, mas refletir, seria preciso inserir esses termos em contextos e mostrar como adquirirem sempre muitos sentidos. Definitivamente não é hora de nos fiarmos em nomes...

A filosofia da cartilha lembra uma passagem de Lewis Carrol, em "Alice no País das Maravilhas". Alice precisa beber o líquido de uma garrafa para ficar pequena e passar por uma porta ainda mais diminuta. No entanto, em vez de uma garrafa, Alice encontra duas, com um mesmo rótulo que diz "beba-me". Mas o pior é que Alice descobre que seus efeitos serão opostos: enquanto o líquido de uma garrafa a fará crescer, e muito (impossibilitando assim sua passagem), o outro a deixará pequena e com direito a ganhar o passaporte de entrada para seu novo mundo. E é exatamente nesse momento que se trava o seguinte debate: "Como posso saber qual das garrafas escolher se os rótulos são iguais?", pergunta Alice. Ao que Humpty-Dumpty responde: "Aquele que acredita em rótulos, no mais das vezes se engana". Não estamos para entrar no País das Maravilhas, mas andamos de certa maneira fisgados pelos rótulos e seu poder de encantar.

SCHWARCZ, L. M. Quem tem medo do politicamente correto?
Disponível em: <http://www1.folha.uol.com.br/fsp/brasil/fc1505200511.htm>. Acesso em: 20 out 2009.

9 vestibular UFG - Universidade Federal de Goiás

Disponível em: <http://oglobo.com/blogs/arquivos_upload/2009/06/2992850 fim-do-mundo1.jpg>. Acesso em: 16 nov. 2009.

Crônica

A *crônica* é um gênero discursivo no qual, com base na observação e no relato de fatos cotidianos, o autor manifesta sua perspectiva subjetiva, oferecendo uma interpretação que revela ao leitor algo que não é percebido pelo senso comum. Assim, o objetivo da crônica é discutir aquilo que parece invisível para a maioria das pessoas. Também, visa divertir ou levar à reflexão sobre a vida e os comportamentos humanos. A crônica pode apresentar elementos básicos da narrativa (fatos, personagens, tempo e lugar) e tem como uma de suas tendências tratar de acontecimentos característicos de uma sociedade.

Com base nessa tendência, escreva uma crônica para ser publicada em uma revista semanal, discutindo as formas de disseminação do medo na sociedade atual. Procure fazer reflexões fundamentadas em fatos relacionados à violência urbana, ao aquecimento global, às restrições aos alimentos, aos vícios, aos usos da linguagem etc. Por meio do relato e da discussão desses fatos, revele aos leitores da revista as relações contraditórias que compõem as estratégias de produção do *Pânico Moral*: promover a qualidade de vida ou controlar a sociedade pelo medo.

3. UFG (2009)

Tema

O papel da arte na vida cotidiana: utilitário e/ou estético?

Coletânea

1 **Estética.** S. f. 1. Estudo das condições e dos efeitos da criação artística. 2. Tradicionalmente, estudo racional do belo, quer quanto à possibilidade da sua conceituação, quer quanto à diversidade de emoções e sentimentos que ele suscita no homem. 3. Caráter estético; beleza.
Utilitário. Adj. 1. Relativo à utilidade. 2. Que tenha utilidade ou interesse, particular ou geral, como fim principal de seus atos.

FERREIRA, A. B. H. *Novo Aurélio Século XXI*: o dicionário da língua portuguesa. 3. ed. Rio de Janeiro: Nova Fronteira, 1999. p. 834 e 2038.

2

O universo da arte caracteriza um tipo particular de conhecimento que o ser humano produz a partir de perguntas fundamentais que desde sempre se fez com relação ao seu lugar no mundo. [...] Ciência e arte são, assim, produtos que expressam as representações imaginárias das distintas culturas, que se renovam através dos tempos, construindo o percurso da história humana. [...] Apenas o ensino criador, que favoreça a integração entre a aprendizagem racional e estética dos alunos, poderá contribuir para o exercício conjunto complementar da razão e do sonho, no qual conhecer é também maravilhar-se, divertir-se, brincar com o desconhecido, arriscar hipóteses ousadas, trabalhar duro, esforçar-se e alegrar-se com descobertas. [...] A obra de arte situa-se no ponto de encontro entre o particular e o universal da experiência humana.

"Até mesmo asa branca / Bateu asas do sertão / Então eu disse adeus Rosinha / Guarda contigo meu coração" (Luís Gonzaga e Humberto Teixeira).

No exemplo da canção "Asa Branca", o voo do pássaro (experiência humana universal) retrata a figura do retirante (experiência particular de algumas regiões). Cada obra de arte é, ao mesmo tempo, um produto cultural de uma determinada época e uma criação singular da imaginação humana cujo valor é universal. [...] Quando Guimarães Rosa escreveu: "Nuvens, fiapos de sorvete de coco", criou uma forma artística na qual a metáfora, uma maneira especial de utilização da linguagem, reuniu elementos que, na realidade, estavam separados, mas se juntaram numa frase poética pela ação criadora do artista. Nessa apreciação estética importa não apenas o exercício da habilidade intelectiva mas, principalmente, que o leitor seja capaz de se deixar tocar sensivelmente para poder perceber, por exemplo, as qualidades de peso, luz, textura, densidade e cor contidas nas imagens de nuvens e fiapos de sorvete de coco [...]. A significação não está, portanto, na obra, mas na interação complexa de natureza primordialmente imaginativa entre a obra e o expectador.

PARÂMETROS Curriculares Nacionais: arte. Secretaria de Educação Fundamental. Brasília: MEC/SEF, 1997. p. 32-40.

3

[...] a instalação de um objeto em museus transforma-o em arte. A colher de pau de minha avó, o porta garrafas, a roda de bicicleta, o mictório de Duchamps, colocados em pedestal ou vitrina, permitem a eclosão de sentimentos de intuições evocadoras. [...] note-se que esses objetos perderam sua função utilitária: "artística", a colher de pau deixou de fazer sabão. Sua transformação em arte acarretou o gratuito: ela não faz mais parte de um sistema racional de utilidade. E, livre, o supérfluo emerge como essencial.

Mas, fruto de gesto gratuito, a arte possui uma existência frágil, pois não é necessária. Podemos constatar em nossa cultura dois registros diferentes que a alimentam. Num deles, o objeto artístico encontra-se instalado no interior de funções econômicas ou sociais: embora enquanto arte o objeto continue sendo não utilitário, enquanto elemento de um vasto mecanismo é empregado para outros fins. Esse emprego garante-lhe a sobrevivência. No outro registro, o objeto artístico reduz-se à gratuidade; esvaziado de toda função, ele depende de uma assistência ao mesmo tempo intencional e artificial, provocada unicamente pelo seu prestígio de ser arte.

COLI, J. *O que é arte*. São Paulo: Brasiliense, 1997. p. 88-90. (Coleção Primeiros Passos, n. 46).

4 Confesso que, espontaneamente, nunca me coloquei esta questão: para que serve a arte? Desde menino, quando vi as primeiras estampas coloridas no colégio (que estavam muito longe de serem obras de arte) deixei-me encantar por elas a ponto de querer copiá-las ou fazer alguma coisa parecida.

Não foi diferente minha reação quando li o primeiro conto, o primeiro poema e vi a primeira peça teatral. Não se tratava de nenhum Shakespeare, de nenhum Sófocles, mas fiquei encantado com aquilo. Posso deduzir daí que a arte me pareceu tacitamente necessária. Por que iria eu indagar para que serviria ela, se desde o primeiro momento me tocou, me deu prazer? [...] Na verdade, a arte – em si – não serve para nada. Claro, a arte dos vitrais servia para acentuar a atmosfera mística das igrejas e os afrescos as decoravam como também aos palácios. Mas não residia nesta função a razão fundamental dessas obras e, sim, na sua capacidade de deslumbrar e comover as pessoas. Portanto, se me perguntam para que serve a arte, respondo: para tornar o mundo mais belo, mais comovente e mais humano.

GULLAR, F. A beleza do humano, nada mais. Disponível em: <http://ondajovem.terra.com.br/arquivodowload/%7B42535240-caba>, p. 28. Acesso em: 7 maio 2009.

5 Bem, e qual é o significado da arte? Para começar, podemos dizer que ela provoca, instiga, estimula nossos sentidos, de forma a descondicioná-los, isto é, a retirá-los de uma ordem pre-estabelecida, sugerindo ampliadas possibilidades de viver e de se organizar no mundo. Como escreve o poeta Manoel de Barros: "Para apalpar as intimidades do mundo é preciso saber: / a) que o esplendor da manhã não se abre com faca / b) o modo como as violetas preparam o dia para morrer / c) por que é que as borboletas de tarjas vermelhas têm devoção por túmulos / d) se o homem que toca de tarde sua existência num fagote tem salvação [...] Desaprender oito horas por dia ensina os princípios. [...] A arte ensina justamente a desaprender os princípios do óbvio que é atribuído aos objetos, às coisas. Ela parece esmiuçar o funcionamento das coisas da vida, desafiando-as, criando para elas novas possibilidades". [...]

A cena contemporânea

Com o passar do tempo, no entanto, a arte moderna sofreu um desgaste. Por um lado, ela tornou-se tão experimental que acabou por afastar-se do público, que passou a achar suas manifestações cada vez mais estranhas e de difícil compreensão. [...] Com a mudança global que se delineia a partir dos anos 80, torna-se mais gritante ainda a necessidade de uma modificação no conceito de arte. Mais do que isso: torna-se necessário que a arte se modifique para sobreviver. E é aí que sai de cena a arte moderna e sobe ao palco a contemporânea. [...] A importância dada à moda, às aparências e à "atitude", aliada a uma tecnologia sofisticada de cirurgias, implantes, aparelhos de ginástica e substâncias químicas, além das possibilidades genéticas que se abrem com os sequenciamentos cromossômicos, fazem do corpo um campo de experimentações futurísticas. A busca pela originalidade, que caracterizava a vanguarda modernista do século 20, é substituída pela atitude de busca de reconhecimento, de celebridade. Transfere-se o alvo das preocupações da produção para o produtor, da obra para o autor. [...] Se fosse convidada a reformular o ensino da arte no momento contemporâneo, eu substituiria o estudo dos movimentos que caracterizam a era moderna por esses grandes temas que acompanham a produção e o pensamento dos artistas contemporâneos, permitindo que a arte continue a fazer sentido e a ecoar nossa essência. [...] Em meio a múltiplas possibilidades de uso de materiais, espaços e tempos, a arte contemporânea não separa a rua e o museu. [...] Felizmente, a arte contemporânea tem a liberdade de apontar suas heranças e sua história sem precisar ir ao grau zero da originalidade e está cada vez mais infiltrada nas peles da vida. Assim ela permanece pulsando.

CANTON, K. A pulsação do nosso tempo. Disponível em: <http://ondajovem.terra.com.br/arquivodowload/%7B42535240-caba>. Acesso em: 7 maio 2009.

6 Alunos-luz

Estudar sempre foi para V. D. (Drago) uma fonte interminável de aborrecimentos e humilhações. Expulso na 5ª série, sofreu um baque em sua autoestima e, desde então, ganhou o rótulo de "aluno-problema". Chegaram a aconselhar sua mãe a matriculá-lo em colégios que recebessem portadores de deficiência mental, entre outros problemas – ele sofreria de falta de orientação espacial. "Sabia que alguns professores diziam que eu era retardado". Por isso, hoje é um dos melhores dias na vida de Drago. Nesta quarta-feira, Drago, 17 anos, vai inaugurar sua primeira exposição fotográfica.

Por várias semanas, ele fotografou diariamente estudantes de uma escola pública e fugiu do óbvio em seu enquadramento. Procurou cenas em que os alunos mostrassem os olhos brilhando – e não as previsíveis imagens sombrias da educação pública.

Sua proposta era garimpar cenas do prazer em aprender. [...] A evidente habilidade com a fotografia não era suficiente para que ele superasse a baixa autoestima desenvolvida em seu histórico escolar.

Mas a descoberta ajudou-o a construir um projeto: entrar numa faculdade para estudar fotografia. [...] À medida que as fotos eram reveladas e aparecia o brilho nos olhos dos alunos, decidiu-se que todo aquele material deveria virar uma exposição que transformasse as paredes do Colégio Max numa galeria.

Drago tirou o nome para sua exposição da raiz latina da palavra "aluno" que significa "sem luz". "Foram os dias de mais luz da minha vida".

DIMENSTEIN, G. Alunos-luz. *Folha de S.Paulo*, São Paulo, 24 set. 2008, Cotidiano, p. C2.

7

Shakespeare notava que, se acabarmos com os objetos de luxo, não teremos nada além de animalidade. O que o luxo diz é que o homem não se contenta apenas com a satisfação de suas necessidades naturais. Há, acima de tudo, uma busca de excesso, de ultrapassamento da simples naturalidade. Além disso, o luxo não é simplesmente uma demonstração de riqueza. Pode o ser, mas esse não parece o seu sentido. Há uma busca de beleza no luxo; uma busca de sensualidade. Há um gosto por tudo que é refinado. [...] Haveria, ainda, uma questão muito delicada: a arte faz parte do luxo ou não? Penso que sim. Costumamos deixar isso de lado, porque a arte tem uma dimensão espiritual, com referências ao sagrado, à Beleza, mas se consideramos o preço de uma obra de arte, vemos que estamos muito próximos de um objeto de luxo. Essa é a razão pela qual as pessoas mais ricas, hoje, estão se tornando colecionadoras de arte contemporânea. [...] para dar uma palavrinha sobre a Beleza, eu diria que, atualmente, ela se "democratizou": a maior parte das pessoas vê mais coisas belas hoje em dia (na televisão, nas revistas, na publicidade etc.); nós consumimos beleza *non stop*.

LIPOVETSKY, G. *Cult*, São Paulo, n. 120, ano 10, p. 11 e 17, dez. 2007.

> **8** A utilização do produto culto visa a um consumo que nada tem a ver com a presunção de uma experiência estética; quando muito, o consumidor do produto, ao consumi-lo, entra em contato com modos estilísticos que conservaram algo da nobreza original, e cuja origem ele ignora. [...] Temos aqui produtos de massa que tendem para a provocação de efeitos, mas que não se apresentam como substitutos da arte.
>
> ECO, U. *Apocalípticos e integrados*. São Paulo: Perspectiva, 2004. p. 81.

Biografia

O gênero discursivo *biografia* é composto por uma narração que busca reconstituir os fatos mais relevantes da vida de uma pessoa ou personagem, que, geralmente, alcançou a celebridade por meio de suas ações. A biografia tem como público, na maioria das vezes, pessoas curiosas que se interessam pelo lado mais humano da história e que, por meio da leitura, podem sentir-se mais próximas das personagens que admiram. Por se tratar de um texto de natureza narrativa, seu autor possui uma certa liberdade para se expressar, visto que as cenas criadas por ele são recriações de uma dada realidade, o que admite um componente ficcional, permitindo a exploração de recursos de linguagem para valorizar o texto. O texto biográfico objetiva proporcionar ao leitor a reconstituição, o mais real possível, de uma imagem da personalidade cuja vida está sendo contada. Por isso, as citações funcionam como um interessante recurso, porque permitem incorporar ao texto a "voz" daquela pessoa, associando-a a momentos importantes da sua vida.

Considerando essas explicações, escreva a biografia de um artista (fictício ou real), cujas ações relativas ao reconhecimento e à difusão da arte no Brasil o tenham colocado no lugar de celebridade. Para justificar o registro da história do biografado, produza o texto destacando os principais acontecimentos e realizações do artista em uma área das artes. Conte a história da celebridade escolhida, demonstrando como sua obra propõe e reforça as funções estética e/ou utilitária da arte no cotidiano. Por meio de fatos ocorridos, de falas da personagem e de sua interação com outras personagens, explicite o ponto de vista do artista sobre o papel da arte na vida das pessoas.

4. UFF (2009)

Leia, cuidadosamente, os textos a seguir:

> **A** O futebol no Brasil não é um esporte. É o jogo da bola, da malícia e do drible. É o jogo que reflete a própria nacionalidade de uma terra dominada pela paixão da bola. No espaço do jogo, o futebol brasileiro é capaz de esquecer o próprio objetivo do gol, convicto de que a virtude sem alegria é uma contradição. Ganhemos a Copa ou não, somos os campeões da paixão despertada pela bola!
>
> Betty Milan. *Brasil, o País do Futebol*.

B

"...de um povo heróico, o brado retumbante"...

Ziraldo. *1964-1984: 20 anos de prontidão.*

C

Chego do mato vendo tanta gente de cara triste pelas ruas, tanto silêncio de derrota dentro e fora das casas, como se o gosto da vida se tivesse encerrado, de vez, com as cinzas do finado carnaval dos últimos dias.

Imperdoável melancolia de quem sabe, e sabe muito bem, que esta deliciosa cidade não é samba, apenas; que o Rio, alma do Brasil, afina também seus melhores sentimentos populares por outra paixão não menos respeitável – o futebol.

Esse abençoado binômio, carnaval-futebol, é que explica e eterniza a alma esférica da gente mais alegre de nosso alegre país.

Armando Nogueira. *Na grande área.*

Redija um **relato pessoal**, contando uma experiência vivida por você como torcedor da seleção brasileira de futebol.

Características do gênero "relato pessoal":

Trata-se de uma exposição escrita de um acontecimento ou de uma série de acontecimentos mais ou menos sequenciados, em que são apresentados os seguintes elementos: quem, onde, quando, como, porque e para que.

5. UFG (2008)

Tema

A interferência do universo virtual na construção das relações sociais

Coletânea

1 [...] a realidade não só pode ser estimulada, mas também melhorada. Por que simulá-la se não fosse assim? Isso significa que simular a realidade não é apenas uma questão de replicar sua estrutura básica, mas também de fazer quaisquer arranjos necessários para sintonizá-la aos nossos desejos.

O que é preferível, o mundo real ou o mundo virtual melhorado? Que pílula você tomaria – a azul ou a vermelha? Diante dos avanços tecnológicos apropriados, bem como de um programador competente e benevolente, o mundo virtual parecerá tipicamente mais atraente do que o real. Muito mais. Essa questão é muito bem ilustrada na cena em que Cypher abandona o grupo e vai trabalhar com o ilimitável agente Smith. Saboreando um suculento bife e um bom copo de vinho tinto, ele diz: "Eu sei que este bife não existe. Eu sei que quando o coloco na boca a Matriz diz ao meu cérebro que o bife é suculento e delicioso. Depois de nove anos, sabe o que percebi? A ignorância é a felicidade". A Matriz tem bifes deliciosos; o mundo humano real tem comida insípida e sem graça. A Matriz tem fantásticas boates; o mundo real não tem nenhuma. Mas a questão é que a Matriz é um paraíso de prazeres sensuais, comparado ao mundo real. E Cypher é um hedonista completo – o tipo que vai atrás do prazer e não está disposto a tolerar sonhos nunca realizados e outras baboseiras idealistas. Assim parece que o mundo virtual só é preferível para o hedonista superficial que é indiferente ao pecado da autoenganação, enquanto o mundo real é preferível para qualquer pessoa que ligue mais para coisas importantes como verdade, liberdade, autonomia e autenticidade.

IRWIN, W. *Matrix*: bem-vindo ao deserto do real. São Paulo: Madras, 2003. p. 254. (Adaptado).

2 No começo fiquei assustado. Mas talvez não seja especialmente horrível a ideia que li na *Folha* deste domingo, sobre a mais nova profissão do mundo. Trata-se do "personal amigo", e o nome, por si só, já é um poema. Amigos, por definição, sempre serão pessoais; o "personal amigo" inverte o sentido da expressão. Você paga uma taxa — que vai de R$ 50 a R$ 300, imagino que de acordo com a qualidade do profissional — e fica com uma pessoa para conversar, ir com você ao *shopping* ou tomar uma água de coco durante sua caminhada. Seria fácil pôr as mãos na cabeça e ver nessa novidade mais um sintoma da extrema mercantilização da vida cotidiana dentro dos quadros do capitalismo avançado. Creio que não se trata disso. Ninguém confundirá "personal amigo" com um amigo de verdade. Namoro, amizade, relacionamento? Acho bom que a extrema variação das emoções humanas não fique limitada a duas ou três palavras. Mandaram-me a notícia de que um *site* de livros eletrônicos entrega pelo correio uma fita adesiva para grudar no computador. A fita tem cheiro de livro real. Eis aí, quem sabe, o segredo do "personal-qualquer coisa". Ficamos muito tempo navegando no mundo virtual. Há o medo e a necessidade de entrar em contato físico com a realidade. Contrata-se um "personal amigo": pode ser um amigo falso, mas é uma pessoa real. A solidão pode ser driblada nas conversas pela internet. Mas não é apenas distração e conversa o que se procura: há, como nos adesivos com cheiro de livro verdadeiro, necessidade de coisa mais profunda, quem sabe até se religiosa; penso em termos como presença, calor, vida e comunhão.

COELHO, Marcelo. Do virtual ao personal. *Folha de S.Paulo*, São Paulo, 29 ago. 2007, p. E9. (Adaptado).

3

Minha segunda vida

O trabalho de parto durou mais de uma hora. Foi o tempo que passei na burocracia do *site* www.secondlife.com, no qual cadastrei o meu *e-mail*, alguns dados pessoais e escolhi o tipo de conta (são duas: a básica, grátis, e a *premium*, que prevê mensalidade de US$ 9 e dá direito a uma mesada em *linden* dólares, a moeda local). Escolhi um nome e sobrenome para o meu avatar — o personagem que me representa dentro da tela — e gravei um *software* em meu computador. A partir do próximo parágrafo, o avatar é quem escreve. O estilo dele é meio rebuscado, como o dos escritores de viagem de antigamente. A seu modo, relata uma viagem a um mundo virtual, com seus códigos próprios, alguns tão estranhos quanto os da Lilliput, do escritor irlandês Jonathan Swift. No barulho difuso, no espetáculo de cores e formas estranhas, na luz que aparece de súbito — tudo remete a um nascimento. Não houve choro, mas alguns segundos de silêncio, como se a respiração não viesse fácil. Veio, afinal. Estou na Orientation Island, a maternidade do Second Life. Como eu, dezenas de pessoas se materializam neste lugar a cada instante. Estão nascendo de novo. Escolheram um sexo, um nome e um sobrenome. Aqui são todos parecidos. Como os bebês. Começam a andar e tropeçam. Depois descobrem a fala e mexem no que está ao redor. Então, aprendem a voar. O que torna a segunda vida interessante não é visitar lugares. Para ser feliz em Second Life, é preciso ter respeito e poder. Poder e respeito. Todos querem ser a próxima Anshe Chung, a avatar de origem chinesa que ganhou o primeiro milhão de dólares reais vendendo terrenos irreais.

Época, São Paulo, n. 461, 19 mar. 2007, p. 188-193. (Adaptado).

4

Chego do mato vendo tanta gente de cara triste pelas ruas, tanto silêncio de derrota dentro e fora das casas, como se o gosto da vida se tivesse encerrado, de vez, com as cinzas do finado carnaval dos últimos dias.

Imperdoável melancolia de quem sabe, e sabe muito bem, que esta deliciosa cidade não é samba, apenas; que o Rio, alma do Brasil, afina também seus melhores sentimentos populares por outra paixão não menos respeitável – o futebol.

Esse abençoado binômio, carnaval-futebol, é que explica e eterniza a alma esférica da gente mais alegre de nosso alegre país.

Armando Nogueira. *Na grande área*.

5

No mundo da internet, nem tudo é livre como se imagina. Apesar do popularíssimo YouTube – onde todos podem colocar o vídeo que quiserem – e das comunidades MySpace e Facebook, lotadas de gente de qualquer credo, raça, preferência sexual e *status* social, a pedida hoje é ser aceito em clubes *on-lines* exclusivos. Pedida entre os bem-nascidos, diga-se. No dia 10 de outubro, passa a funcionar o Diamond Lounge, um lugar reservado a quem tem dinheiro, fama e beleza. Difícil? Sim, difícil mesmo. Para entrar no clube, não é necessário que o candidato a membro seja milionário – Ufa! – mas, quem não tiver um mínimo de sofisticação ou *glamour* não deve bater à porta. Os novos integrantes são indicados por alguns dos figurões inclusos em uma seleta lista de 1.500 convidados ou têm de submeter seus "currículos" à aprovação de um comitê. O Diamond Lounge é uma espécie de Orkut dos Vips, mas também funcionará *off-line*. Serão oferecidas festas e eventos de negócios para seus requintados associados.

IstoÉ, São Paulo, n. 1976, 12 set. 2007, p. 63. (Adaptado).

6

Eu sou uma *hacker*! Estudo de manhã, passo a tarde inteira na faculdade e chego em casa por volta das 8 horas da noite, esgotada, querendo cama e travesseiro. Ainda dou uma morgadinha antes da mutação. No silêncio da madrugada quando toda minha família está capotada, eu me transformo numa pirata da internet. Ao meu lado uma caneca de café forte e amargo não dá chance para o sono. O único barulho que se ouve é o do teclado. Às vezes penso por que faço isso. Poderia dormir mais tempo, evitar as olheiras, levar uma vida mais saudável. Mas esse *mea-culpa* termina assim que ligo a máquina. A trama, a estratégia, a organização, a execução. É tudo muito excitante. Sou do bem. O *hacker* verdadeiro é do bem, uma pessoa curiosa. Eu me defino como uma pichadora *on-line* – termo que a categoria rejeita com fúria. Mas num passado recente, a adrenalina manchou minha ficha cadastral. Até já perdi a conta das vezes que implorei perdão a Deus. Rezei à beça, juro! Na pele de um *cracker*, o *hacker* do mal, cometi um roubo virtual, roubei um cartão de crédito. Sem pedir licença, entrei no computador de um cara, fucei a vida dele e, por fim, surrupiei o número de seu cartão para comprar uma coleção de CDs de música clássica, no valor de 400 reais.

Crime Virtual. Eu roubei um cartão de crédito. Disponível em: <www.portalbrasil.net/reportagem_crime_virtual.htm>. Acesso em: 21 set. 2008. (Adaptado).

7

No ciberespaço o sujeito libera-se das coerções da identidade, metamorfoseia-se, de forma provisória ou permanente, no que ele quer, sem temer que o real o desminta. Sem rosto, não corre mais o risco sem poder ser visto, está livre de toda responsabilidade, tendo agora apenas uma identidade volátil. Não há mais o risco de ser traído ou reconhecido por seu corpo. A rede favorece uma pluralidade de "eus", o jogo libera-o de qualquer responsabilidade e favorece a todo instante a possibilidade de desaparecer. A identidade é uma sucessão de "eus" provisórios, um disco rígido que contém uma série de arquivos que podem ser acessados ao sabor das circunstâncias. É uma máscara formidável, isto é, um estímulo ao relaxamento de toda civilidade. Toda responsabilidade desaparece. Um crime virtual não deixa vestígios. O ciberespaço é instrumento da multiplicação de si, uma prótese da existência.

NOVAES, A. *O homem-máquina*: a ciência manipula o corpo. São Paulo: Companhia das Letras, 2003. p. 130.

8

Os ponteiros dos quatro mil relógios elétricos das quatro mil salas do Centro de Bloomsbury marcavam duas horas e vinte e sete minutos. "Esta colmeia industriosa", como gostava de chamar-lhe o diretor, estava em pleno zumbido de trabalho. Todos esperavam ocupados, tudo se achava em movimento ordenado. Sob os microscópios, com as longas caudas a agitar-se furiosamente, os espermatozoides insinuavam-se de cabeça nos óvulos; e estes, fecundados, dilatavam-se, segmentavam-se ou, se eram bokanoviskzados, germinavam e fragmentavam-se em populações inteiras de embriões. Da sala de Predestinação Social, as escadas rolantes desciam ruidosas ao subsolo e ali, na penumbra vermelha, aquecendo-se em seu colchão de peritônio, saciados de pseudossangue e de hormônios, os fetos cresciam, cresciam; ou, envenenados, estiolavam-se num estado de *Ípsilons*. Com um pequeno zumbido, um ligeiro matraquear, os porta-garrafas móveis percorriam, num movimento imperceptível, as semanas e todas as idades recapituladas, até o lugar em que, na Sala de Decantação, os bebês recém-saídos dos bocais soltavam seu primeiro vagido de horror e de espanto. [...] Acima deles, em dez andares sucessivos de dormitórios, os meninos e meninas ainda bastante novos para precisarem de uma sesta, estavam, embora não suspeitassem, tão ocupados quanto os outros, pois inconscientemente ouviam lições hipnopédicas sobre higiene e sociabilidade, sobre a consciência de classe e a vida amorosa dos pequeninos.

HUXLEY, Aldous. *Admirável mundo novo*. São Paulo: Globo, 2005. p. 179-180.

Conto fantástico

O *conto fantástico* é um gênero que segue a mesma estrutura do gênero *conto* – apresentação, complicação, clímax e desfecho. A narrativa do conto fantástico se estrutura de forma a criar expectativa e suspense, suscitando no leitor um estranhamento provocado pela oposição entre o natural e o sobrenatural, mediante acontecimentos estranhos, bizarros e fora do comum.

Tendo em vista essas explicações, escreva um conto fantástico no qual o protagonista seja um usuário do *Second Life* (uma pessoa que assume uma outra identidade no mundo virtual) e que resolve fazer uma viagem pelo espaço virtual. A história que você vai criar deve apresentar o estranhamento da personagem (ou personagens) nascendo diante de um novo mundo, que tem seus encantos e problemas. A trama deve ser construída por meio de aventuras que girem em torno da construção da nova identidade e da convivência com outros habitantes desse universo. Conte como as relações sociais são estabelecidas nesse mundo virtual, considerando-se os papéis assumidos pelas personagens. Elabore motivações convincentes para a situação fantástica construída e para as ações das personagens, evidenciando suas convicções, desejos e crenças.

6. UFG (2007)

Tema

Há padrões para ser feliz?

Coletânea

1

Felicidade não tem preço

Eu sonhei com um pote de ouro/ Meu lindo tesouro/ Pobreza nunca mais/ Sonho de menino, virei um grã-fino!

De quina pra Lua estou em cartaz/ O jogo da vida aprendi a ganhar/ Adeus pindaíba, chega de chorar!

Oh! Felicidade me diz o teu preço/ Eu sei que mereço e posso pagar

Bem-me-quer meu bem querer!/ Vou comprar seu coração/ Tô pagando por um beijo/ Saciando meu desejo no baú da ilusão

▶▶

Sou o dono do mundo/ Meu tempo é dinheiro, eu quero investir/ Nessa ciranda onde a grana fala alto

Lá no céu tô perdoado, já paguei sem refletir/ Mas a realidade da desigualdade/ Me faz despertar

Não quero essa falsa alegria/ Chega de hipocrisia, pois a vida é muito mais

A felicidade não tem preço/ Hoje reconheço que a riqueza se desfaz!

Eu quero é viver, a vida gozar!/ Saber ser feliz e aproveitar

Rocinha encanta e mostra a verdade/ Dinheiro não compra a felicidade

ACADÊMICOS DA ROCINHA. Samba enredo 1990. Disponível em: <www. musicas.mus.br/letras>. Acesso em: 6 nov. 2006.

2 [...] Para Aristóteles, a causa final do homem, seu objetivo supremo é a felicidade. Ela não é um forte prazer que se esvai logo em seguida; ao contrário, deve ser algo perene e tranquilo, sem excessos, pois o excesso faz com que uma boa ação torne-se seu oposto. Uma pessoa amável em demasia, por exemplo, não passa de um incômodo bajulador. Atingir a felicidade depende então de uma conduta moral moderada, sem excesso, baseada no que Aristóteles denomina "meio-termo". Tal conduta deve ser forjada pelo hábito, de modo análogo ao atleta que se forma por repetidos exercícios. Habituar-se a uma boa conduta é ter bons costumes, e isso vale muito mais do que praticar uma série de ações isoladas. Tal hábito é adquirido, sobretudo, pelo exercício do intelecto, que no campo moral, aspira ao que é razoável. A felicidade, em suma, obtém-se por meio da vida contemplativa, uma vida intelectual sossegada, longe das perturbações do cotidiano. [...] Em o *Sistema da Natureza*, Paul Heinrich Thiry, barão de Holbach, defende teses materialistas: as matérias distinguem-se umas das outras por propriedades qualitativamente diferentes, e compõem todos os seres, cuja série ordenada é a natureza. Em tal série não há nenhuma causa final – mera superstição inventada por sacerdotes –, e se os homens buscam certos valores como fim é porque desejam o prazer e rejeitam a dor. Para Holbach, a religião, que impede a realização do prazer, é antinatural; o que importa é, contra isso, reorganizar e reformar a sociedade de tal maneira que cada um possa sentir prazer em desejar o bem-estar dos outros.

HISTÓRIA DA FILOSOFIA. São Paulo: Nova Cultural, 2004. p. 63 e 268. (Coleção Os Pensadores). (Adaptado).

3 A felicidade começa no cérebro. Faça algo bem feito, receba um agrado ou um carinho ou ache graça em uma piada, e seu sistema de recompensa se encarrega de fazer com que as regiões do cérebro que cuidam de movimentos automáticos – aqueles que fazemos sem precisar pensar – estampem um belo sorriso em seu rosto. A neurociência explica: um trabalho recente mostrou que o sorriso genuíno já basta para ativar o córtex da insula, região do cérebro que nos dá sensações subjetivas como a do bem-estar. Ver alguém sorrir também funciona. Um sorriso no rosto de quem fala com você aciona as mesmas áreas do cérebro responsáveis pelo seu próprio sorriso. [...] É como se ver alguém sorrindo bastasse para você se sentir sorrindo por dentro também. Uma vez que seu cérebro repete por dentro o sorriso que ele vê por fora, o bem-estar do outro é contagiante. Felicidade gera felicidade: ela passa de um cérebro para o próximo por meio do sorriso.

HERCULANO-HOUZEL, Suzana. A beleza do sorriso. *Folha de S.Paulo*, São Paulo,17 ago. 2006, p. 5. Equilíbrio (Adaptado).

4 Em respostas obtidas na pesquisa do Datafolha, 76% dizem-se felizes e 22% se dizem mais ou menos felizes, e comparando os números aos obtidos quando tinham de falar da felicidade dos outros, ficamos surpresos com a diferença. Só 28% dos entrevistados vêem felicidade na vida desses outros, e 55% os acham mais ou menos felizes. Pode parecer paradoxal, mas não é absurdo. Quando falo da minha felicidade, falo de esperança e futuro. Quando falo dos outros, idealizo menos.

MAUTNER, Ana Verônica. Felicidade vai-se embora. *Folha de S.Paulo*, São Paulo, 10 set. 2006, p. C1.

5 Com este objetivo de medir o grau de felicidade de uma população, a New Economics Foundation (NEF), em parceria com a organização ambiental Friends of the Earth, decidiu criar um *ranking* diferente: o índice Planeta Feliz (IPF). No total, 178 países se classificaram a partir de um critério curioso: a comparação entre a expectativa de vida, o sentimento de alegria na população e quantidade de recursos naturais consumidos no País. [...] O primeiro lugar, ficou com o desconhecido Vanuatu, um arquipélago no Oceano Pacífico, formado por 83 ilhas e com uma população total de 211 mil habitantes, que vivem da pesca, agricultura e de um turismo ainda pouco explorado. Para estar no topo do IPF, os vanuatenses preservam suas praias e florestas e se declaram satisfeitos com a própria vida. Inversamente, os países mais ricos do mundo, como Estados Unidos (150º) e França (129º) ocupam as últimas posições devido ao consumismo desenfreado de sua população, que destrói o ambiente e não é capaz de deixar seus cidadãos felizes. O Brasil ocupa a 63º colocação, coincidentemente a mesma posição em que está no *ranking* de Desenvolvimento Humano da Organização das Nações Unidas (ONU).

Felicidade: é realmente possível atingi-la. *Filosofia, ciência e vida*. São Paulo: Escala, ano 1, n. 2, 2006. p. 36.(Adaptado).

6 Os manuais de autoajuda são exemplos de tirania. De pequenas tiranias consumidas por escravos dóceis e fiéis que acreditam em dois equívocos. O primeiro é conhecido: não existe manual de autoajuda que não apresente o infortúnio como um elemento estranho à condição humana. A tristeza é uma anormalidade, dizem. O fracasso não existe e, quando existe, deve ser imediatamente apagado, ordenam. Na sapiência dos manuais, a infelicidade não é um fato; é uma vergonha e uma proibição. O que implica o seu inverso: se a infelicidade é uma proibição, a felicidade é obrigatória por natureza. Obrigatória e radicalmente individual. Ela não depende da sorte, da contingência e da ação de terceiros: daqueles que fazem, e tantas vezes desfazem, o que somos e não somos. Depende, exclusiva, e infantilmente, de nós.

COUTINHO, João Pereira. O direito à infelicidade. *Folha de S.Paulo*, São Paulo, 30 ago. 2006, p. E2.

7 Daniel Gilbert, professor de Psicologia da Universidade de Harvard, levanta uma bela questão: estamos apostando todas as nossas fichas em lugares errados na tentativa de sermos felizes. Fazemos planos de comprar uma casa, ter filhos, ganhar mais dinheiro, ser mais reconhecidos profissionalmente, uma série de outros projetos que, para ele, não serão necessariamente sinônimo de felicidade no futuro. Gilbert propõe o seguinte exercício: "Pense que você só tem mais 10 minutos de vida. O que faria com esse tempo?" [...] Imagine quais seriam suas respostas – segundo Gilbert, elas vão retratar exatamente tudo o que você dá valor hoje em dia. É de arrepiar.

SGARIONI, Marina. A tal felicidade. *Emoção e inteligência*.
São Paulo: Abril, n. 9, 2006. p. 61. (Adaptado).

8

Gilbert descarta rapidamente a ideia de que os antigos têm o monopólio sobre a sabedoria com relação à felicidade, em parte porque as vidas deles eram fundamentalmente diferentes das nossas. Como diz, nós raramente pensamos sobre o fato de que quase todos nós temos três grandes decisões a tomar: onde viver, o que fazer, e com quem casar. Mas estamos entre os primeiros seres humanos a exercer esse direito de escolha. Ao longo da maior parte da história documentada, as pessoas viviam na região em que nasciam, faziam o que seus pais faziam, e se casavam de acordo com suas religiões, castas ou por influência da geografia. [...] As revoluções agrícola, industrial e tecnológica deflagraram uma explosão de liberdade pessoal que nossos ancestrais nunca exerceram e, como diz Gilbert, "pela primeira vez a felicidade está em nossas mãos". [...] De modo semelhante, continuamos a nos esforçar para adquirir carros maiores ou amantes melhores, mesmo quando a experiência nos ensina que nos adaptaremos rapidamente aos novos encantos e que eles não nos tornarão mais felizes. "Os psicólogos definem esse processo como 'habituação', os economistas empregam o termo 'utilidade marginal declinante' e o resto de nós usa a palavra 'casamento'", diz Gilbert. [...] Os pesquisadores acreditam que entre 50% e 80% da variação entre os diferentes médios níveis de felicidade que as pessoas ostentam pode ser explicada pelos seus genes, e não pelas experiências de vida pelas quais elas passam.

CLARK, Pilita. A felicidade não se compra. *Folha de S.Paulo*,
São Paulo, 27 ago. 2006, p. 4-5. Mais! (Adaptado).

Fábula

A *fábula* é uma narrativa ficcional curta cuja mensagem pode ser sintetizada em uma moral no final do texto, ou seja, um ensinamento encerra uma lição. Suas personagens, geralmente animais, representam características e sentimentos humanos e é comum o diálogo entre elas. Escreva uma fábula em que as personagens (animais) vivam um conflito ao saberem que só têm uma semana de vida. A história que você vai criar deve apresentar as personagens vivendo o drama da busca pela felicidade nos seus últimos momentos de existência. Isso deve ser evidenciado por meio de ações, convicções, comportamentos, relacionamentos e desejos das personagens. A moral da história deve transmitir um ensinamento a respeito do que significa ser feliz.